FÉ, PROPÓSITO e TRABALHO

Perspectivas cristãs para o mundo dos negócios

Publicações
Pão Diário

FÉ, PROPÓSITO e TRABALHO

Perspectivas cristãs para
o mundo dos negócios

Dongley Picanzo Martins

Fé, propósito e trabalho
Perspectivas cristãs para o mundo dos negócios
por Dongley Picanzo Martins
© Publicações Pão Diário, 2024
Todos os direitos reservados.

Coordenação editorial: Adolfo A. Hickmann
Preparação do texto e revisão: Adolfo A. Hickmann, Dalila de Assis, Lozane Winter,
Marília Pessanha Lara
Coordenação gráfica: Audrey Novac Ribeiro
Projeto gráfico e capa: Rebeka Werner
Diagramação: Lucila Lis

Dados Internacionais de Catalogação na Publicação (CIP)

MARTINS, Dongley Picanzo
Fé, propósito e trabalho — Perspectivas cristãs para o mundo dos negócios
Curitiba/PR, Publicações Pão Diário

1. Vida cristã   2. Espiritualidade   3. Liderança   4. Gestão de empresas

---

Exceto se indicado o contrário, as citações bíblicas são extraídas da Nova Versão Internacional, NVI © 1993, 2000, 2011, Bíblica, Inc.

Proibida a reprodução total ou parcial sem prévia autorização por escrito da editora. Todos os direitos reservados e protegidos pela Lei 9.610, de 19/02/1998. Quando autorizada, a reprodução de qualquer parte desta obra deverá conter a referência bibliográfica completa. Permissão para reprodução: permissao@paodiario.org

Publicações Pão Diário
Caixa Postal 9740,
82620-981 Curitiba/PR, Brasil
publicacoes@paodiario.org
www.publicacoespaodiario.com.br
Telefone: (41) 3257-4028

XN759 • ISBN: 978-65-5350-549-0

1ª edição: 2024

Impresso no Brasil

SUMÁRIO

Sobre o autor 9

Introdução 11

Semana 1 — Mateus 6:5-15
A importância da oração nos negócios 17

Semana 2 — Mateus 6:25-34
Em busca da provisão de Deus 23

Semana 3 — Mateus 6:34
Viva na dependência de Deus 28

Semana 4 — 1 Samuel 15:1-23
A obediência a Deus 34

Semana 5 — Lucas 12:16-21
Defina prioridades 39

Semana 6 — Lucas 10:1-24
Desenvolva líderes 44

Semana 7 — Êxodo 18:1-27
Estrutura organizacional importa 49

Semana 8 — 2 Samuel 23:8-17
Crie equipes fortes 55

Semana 9 — Lucas 6:12-16
Lidere de forma situacional 60

Semana 10 — 1 Coríntios 12:12-29
Valorize as pessoas da sua equipe 65

Semana 11 — Gênesis 3:15-19
Planeje em longo prazo 70

Semana 12 — Neemias 4:1-23

Administre o tempo com atenção 75

Semana 13 — Efésios 4:1-3,11-13

Gestão e direcionamento de pessoas 80

Semana 14 — Provérbios 2:1-11

Sabedoria para a sua equipe 85

Semana 15 — Gênesis 1:26-31

Feitos à imagem de Deus 90

Semana 16 — 1 Samuel 12:1-5

Caráter transformado 95

Semana 17 — Lucas 19:1-10

Integridade no trabalho 99

Semana 18 — Salmo 15:1-5

Valores divinos são a base de tudo 103

Semana 19 — Mateus 5:1-12

Cultive valores eternos 108

Semana 20 — Romanos 12:1-5

Estabeleça compromissos 113

Semana 21 — 1 Coríntios 9:23-27

Vida de autodisciplina 118

Semana 22 — João 21:11-19

Aprendizagem como estilo de vida 123

Semana 23 — Juízes 2:1-12

Organize o seu aprendizado 128

Semana 24 — Filipenses 3:1-11

Propósito e paixão 133

Semana 25 — Filipenses 2:1-11

Seja humilde 138

Semana 26 — Provérbios 8:1-36

Sabedoria para os negócios 142

Semana 27 — 1 Timóteo 3:1-7

Busque qualificação para liderar 146

Semana 28 — João 13:1-17

Liderança servidora ... 151

Semana 29 — Oseias 2:1-23

Relacionamento interpessoal ... 156

Semana 30 —Mateus 20:20-28

Seja imparcial ... 161

Semana 31 — Provérbios 18:13

Capacidade de se comunicar ... 166

Semana 32 — Mateus 28:16-20

Comunicação efetiva ... 171

Semana 33 — Marcos 2:18-22

Mudanças e inovações ... 176

Semana 34 — 1 Crônicas 28:1-21

Comunicando a visão ... 181

Semana 35 — Neemias 2:11-20

Tempo de disseminar a visão ... 186

Semana 36 — Atos 1:1-8

Equipados para alcançar a visão ... 191

Semana 37 — 1 Samuel 22:1-23

Fazendo alianças saudáveis ... 196

Semana 38 — Salmo 82:1-8

O poder da influência ... 201

Semana 39 — Ester 4:3-14

Atitudes que transformam vidas ... 205

Semana 40 — Gênesis 1:1-31

Excelência e qualidade ... 210

Semana 41 — Josué 1:1-9

Assuma riscos ... 215

Semana 42 — Mateus 25:14-30

Mordomia nos negócios ... 220

Semana 43 — Neemias 1:1-11

Tomada de decisões ... 225

Semana 44 — Josué 3:1-13

Exorte em amor 230

Semana 45 — Atos 9:20-31

Liderança com propósito 235

Semana 46 — Neemias 6:1-14

Solucione problemas 240

Semana 47 — 1 Samuel 18:1-12

Administre as tensões 245

Semana 48 — Mateus 18:15-20

Gestão de conflitos 250

Semana 49 — Mateus 5:17-26

Honre seus compromissos 255

Semana 50 — Amós 5:18-27

Justiça como estilo de vida 260

Semana 51 — 2 Samuel 11:1-27

Atitudes têm consequências 265

Semana 52 — Hebreus 11:1-40

Recompensas eternas 270

Perguntas extras

para cada semana 275

Sete conselhos bíblicos para

resolver conflitos 297

SOBRE O AUTOR

Dongley Picanzo Martins é membro da Primeira Igreja Batista (PIB) de Curitiba, participa do Kingdom, ministério de empresários da igreja local e tem apoiado diversas igrejas pelo Brasil a iniciarem seus ministérios localmente. Também é cofundador do Movimento Elo entre os batistas por meio de uma iniciativa da Junta de Missões Nacionais (JMN) e membro do Instituto Tela de empreendedores cristãos.

Empreendedor desde 1985, fundou 4 empresas, passou por um processo de fusão e um de aquisição, concluindo a fase empreendedora no início dos anos 2000. Após essa experiência de fundar e vender, seguiu por mais 15 anos atuando como executivo em projetos de recuperação e reestruturação de empresas, nacionais e internacionais, onde participou e liderou mais de 10 projetos de grande transformação, até 2015. De lá para cá, vem atuando como conselheiro e mentor de famílias empresárias, com fundos de investimento, empresas de participação e como investidor Anjo. Atualmente é sócio da GooD-z Capital, empresa que investe em *startups* na fase SEED; também atua como conselheiro e mentor de diversas *startups*.

Como conselheiro e mentor de famílias empresárias, tem levado as famílias cristãs a se posicionarem como empresários que conduzem seus negócios como empresas do Reino, desafiando essas empresas a serem relevantes e referência em seu setor. Nessa jornada, acompanha pessoalmente as famílias, o CEO e o *C-level* das empresas, fornecendo mentoria para o desenvolvimento de uma cultura organizacional de performance e resultado.

É especialista em Gestão Estratégica e Reestruturação de Negócios, certificado em Governança Corporativa para empresas familiares pelo IBGC, Governança para a Nova Economia pela GoNew, Governança Corporativa pela FDC, Conselheiro em Inovação pela GoNew e Conselheiro de administração pelo IBGC na turma 102. Graduado em Administração e Gestão de pessoas, pós-médio em Propaganda e Marketing pelo Centro Europeu, MBA em Gestão estratégica de Negócios pelo IBMEC e Controladoria e Finanças pelas Faculdades da Indústria.

É casado com a Veronica e pai da Rebecca e da Camila. Eles moram em Curitiba.

INTRODUÇÃO

Perspectivas bíblicas de liderança no mundo empresarial é um sonho que carreguei por décadas no coração. Sempre acreditei que não há dicotomia entre secular (negócios) e sagrado (igreja) e, por isso, procurei constantemente por conteúdos que juntassem essas duas ideias e trouxessem luz sobre essa falsa divisão, criada, em geral, por uma teologia equivocada.

Com este conteúdo, queremos contribuir com os milhares de empreendedores, empresários e profissionais liberais, bem como executivos e profissionais em geral, que são confrontados diariamente a tomar decisões no campo profissional.

Há um chamado para você cumprir no mundo do trabalho. Você foi vocacionado por Deus para liderar pessoas, para conduzir um negócio, e assim como Deus foi com Abraão, José, Neemias, Lídia, Ester, Paulo e tantos outros homens e mulheres, capacitando-os a serem relevantes na expansão do Seu Reino e Seus valores, Ele quer ser com você também. Não renuncie ao chamado e à vocação que recebeu de Deus para conduzir os seus negócios e sua vida profissional, alinhando-os com os princípios contidos em Sua palavra. Caso queira se aprofundar mais neste tema da vocação e do chamado, convido você a acessar a página do Movimento Elo em www.movimentoelo.org.br. Lá, você poderá baixar gratuitamente o e-book *Minha empresa, meu ministério* e conhecer várias dimensões do contexto de uma empresa com valores e princípios cristãos e ainda entender claramente por que Deus espera que aceitemos o chamado que Ele nos deu, juntamente com uma vocação para liderarmos este ministério fantástico no mundo do trabalho.

Quero lhe contar uma história que faz parte da minha jornada com Deus de entender o Seu chamado para minha vida. Nos anos de 2007 a 2010, estive à frente de um ministério com empresários, na igreja de que faço parte. Aquela foi a primeira onda de trabalhos com empreendedores, empresários e profissionais liberais por lá. Ao longo dos anos, as lideranças mudam, mas o que não muda é o fato de que temos uma vocação e um chamado para cumprir o ministério. Naqueles anos, tive o privilégio de caminhar com dezenas de empreendedores, grandes e pequenos, e percebia que os desafios eram os mesmos, independentemente do tamanho do negócio. O que parecia ser sempre a mesma angústia era a pergunta não dita desta forma, mas que tenho segurança em traduzir com as minhas palavras, e parece que ainda a escuto em alto e bom som: "Como faço para trazer para as minhas decisões do dia a dia aquilo que aprendo na Palavra de Deus, se fé e trabalho não se misturam?".

Durante essa caminhada, não foram poucas as vezes que me deparei com pessoas confusas, em dúvida, e que queriam genuinamente encontrar respostas para as perguntas delas. Quantas e quantas vezes encontrei empreendedores, empresários e profissionais liberais, executivos e toda sorte de profissionais tentando achar uma saída para as suas perguntas e sem encontrá-la. Estou seguro de que não há uma divisão entre secular e sagrado e de que há um propósito para a igreja e suas diversas atividades e manifestações, assim como há um propósito para o mundo do trabalho em suas diversas dimensões. O mais importante para um cristão que decidiu, conscientemente e não por tradição, ser um seguidor de Jesus Cristo, é entender que precisará utilizar, em sua vida diária, os princípios e valores contidos no único manual dos cristãos: a Bíblia!

Então, se você se denomina como cristão, espero que estes conteúdos gerem uma aplicação prática em seu coração e mente e que eles o apoiem no dia a dia dos seus empreendimentos, junto aos seus colaboradores, parceiros, fornecedores e clientes, pois estes escritos estão alicerçados na Palavra de Deus.

Se você não é um cristão, mas acredita que os princípios e valores do cristianismo podem colaborar para seus negócios, princípios como verdade, amor, respeito, segurança, esperança e tantos outros, este livro também servirá para você. Espero ainda que elas sejam úteis para os líderes que desejam ajudar seus liderados envolvidos em negócios a compreenderem que suas empresas são um ministério legítimo, vocacionado e comissionado por Deus, e que, por isso, cada um tem um chamado para cumprir sua vocação no mundo do trabalho, e, muito mais particularmente, quando se é fundador ou sucessor do seu negócio. Este material o ajudará a aplicar a cosmovisão bíblica em temas empresariais que, no seu dia a dia, talvez ainda não recebam amparo bíblico ou você sequer saiba que há suporte bíblico para lidar com eles.

Graças ao mover de Deus e à atuação do Espírito Santo, nos últimos anos, temos visto um movimento de empresas com valores cristãos ganhado forças, à medida que estes temas se esclarecem. Por meio de movimentos que tratam de temáticas como *Business as Mission*, também chamado de Negócios como Missão, de grupos de empresários cristãos como o C12, que nasceu nos EUA e hoje está atuando no Brasil, entre outros criados pela igreja local, o assunto tem sido debatido e divulgado ainda mais.

Espero que estes 52 temas, inspirados na Palavra de Deus e conspirados em meus anos de uso da Bíblia, na esfera executiva da editora Vida, na minha prática diária e nos negócios que dirigi, sirvam para sua edificação, ensino e como ferramenta para o seu dia a dia, na condução de sua empresa e do ministério para o qual você foi chamado. Reunimos vários temas do mundo profissional, sempre com uma cosmovisão bíblica, no intuito de que sejam úteis para a tomada de decisões nos negócios. Este livro é para você, mas também para a sua equipe. Uma boa prática, que pode ser implementada na sua organização, seria separar uma hora por semana, reunir todos os seus liderados e estudar junto com eles os textos, as perguntas e as orações de inspiração, para criar uma cultura na sua empresa. Lembre-se de que as empresas são diferentes, são organismos vivos com particularidades e precisam ser respeitadas e ajustadas durante a leitura de cada frase, cada texto e cada oração inspiradora. Este material não é uma receita de bolo, mas um direcionador que o ajudará a ampliar sua cosmovisão bíblica sobre diversos assuntos do mundo empresarial. Contudo, lembre-se: a experiência com Deus é pessoal e precisa ser vivida por você e cada membro de sua equipe. Se você dedicar tempo para preparar esta pequena equipe que Deus colocou em suas mãos e ajudá-la a perceber que Ele tem todo interesse nas pessoas e que seus liderados é o maior projeto de Deus para a sua vida, verá com os seus próprios olhos o grande impacto que haverá na vida dos membros da sua equipe e, consequentemente, no seu negócio.

Por fim, fazer isso pode parecer uma tarefa simples, mas não é; há uma luta acontecendo diariamente no mundo espiritual, com ataques vindos do inimigo das nossas almas para destruir nossas iniciativas de conduzir os negócios com princípios da Palavra de Deus. Mas o Senhor Jesus Cristo já venceu a maior batalha contra esse inimigo , e, com Ele, você é mais que vencedor.

Mantenha os olhos em Jesus Cristo! Ele é o maior interessado em que você conduza os seus negócios desta forma, e, por meio do Espírito Santo, você será capacitado para cumprir essa missão segundo os valores e princípios da Palavra de Deus.

Semana 1

A importância
da oração nos negócios

Mateus 6:5-15

Tempo da Palavra

⁵E quando vocês orarem, não sejam como os hipócritas. Eles gostam de ficar orando em pé nas sinagogas e nas esquinas, a fim de serem vistos pelos outros. Eu lhes asseguro que eles já receberam sua plena recompensa. ⁶Mas quando você orar, vá para seu quarto, feche a porta e ore a seu Pai, que está no secreto. Então seu Pai, que vê no secreto, o recompensará. ⁷E quando orarem, não fiquem sempre repetindo a mesma coisa, como fazem os pagãos. Eles pensam que por muito falarem serão ouvidos.

Não há cumprimento do chamado, marcha da vocação e muito menos eficácia no ministério se você não ora. Por toda a Bíblia, homens e mulheres de Deus oraram antes, durante e depois de entrarem em qualquer jornada ou batalha. Vejamos o exemplo de Abraão, que é chamado por Deus e ora a fim de compreender a dimensão do chamado recebido para sair da sua terra, do meio da sua parentela, e ir para um lugar

17

que ainda lhe seria revelado. Ou seja, começar a caminhada dependeria de um passo de fé. Você conseguiria fazer isso sem estar debaixo de oração? Não. Se não fosse a vida de oração, Abraão não conseguiria cumprir o chamado. Vamos olhar outra experiência incrível de Abraão, quando Deus o chamou para sacrificar o seu filho Isaque, o filho da promessa. Isso colocava tudo em uma nova perspectiva, pois a promessa era de fazer uma grande nação por meio de sua geração. Como isso seria possível sem um descendente legítimo? Abraão cria com seu coração, mesmo que, em sua mente, tivesse dúvidas e perguntas. Ele tinha fé de que, se Deus o havia chamado, cumpriria a Sua Promessa, mesmo que, para isso, Deus lhe desse um outro filho na velhice, ou não permitisse que o sacrifício acontecesse, ou ressuscitasse Isaque após o sacrifício. Mais ainda, ele cria que Deus poderia até mesmo providenciar o cordeiro para o sacrifício. Por fim, para alegria de um pai aflito, Deus providencia o cordeiro para ser sacrificado no lugar de Isaque e anuncia, milhares de anos antes, que enviaria o Seu próprio Filho para ser sacrificado, definitivamente, no lugar de tantos "Isaques" como eu e você. Sem intimidade com Deus, seria impossível para Abraão obedecer àquela ordem, assim como é hoje para nós sacrificar nossos negócios no altar do Senhor e permitir que Ele substitua nosso sacrifício pelo que Ele planejou para fazer conosco e por meio de nós.

MEDITAÇÕES PARA A SEMANA

Segunda-feira

Você separa tempo tranquilo e focado para orar ou você acredita que vale a oração "do carro", feita enquanto dirige, para não perder tempo "precioso"? Você separa tempo para desenvolver intimidade com Deus e entender o que Ele quer para os seus negócios?

Tempo de oração

Ore para que Deus o capacite, por meio do Espírito Santo, a separar tempo e escolher um lugar que favoreça uma comunhão com Ele, sem a correria das atividades da sua agenda cheia.

Espírito Santo de Deus, ajuda-me a separar diariamente um tempo exclusivo para desenvolver intimidade contigo e para aprender a ouvir a Tua voz, pois Tu és o alicerce dos meus negócios.

Escreva seus pedidos:

Terça-feira

Você tem separado tempo diariamente para orar por seus liderados, por seus colaboradores, para que tenha a capacidade de liderar e levar os negócios adiante?

Tempo de oração

Ore para que Deus revele, por meio do Espírito Santo, como utilizar as melhoras ferramentas de liderança, que despertarão nos seus liderados uma capacidade incrível de liderar outros.

Espírito Santo de Deus, capacita-me para
ser o líder que meus liderados precisam
a fim de que eles, ao me olharem, vejam Jesus em
mim e liderem suas equipes com amor e justiça.

Escreva seus pedidos:

_____

_____

_____

Quarta-feira

Você tem orado por direcionamento de Deus e por sabedoria do Espírito Santo para conduzir sua empresa como uma empresa que representa o reino de Deus?

_____

_____

_____

_____

Tempo de oração

Peça a Deus que abra o seu entendimento e o capacite para conduzir os negócios com os valores do reino de Deus contidos na Bíblia.

Senhor, capacita-me a trazer o Teu reino para
dentro da minha empresa e ministrar, aos que se

*relacionam comigo, a verdade da Tua Palavra e
aplicar os valores do Reino em minhas decisões.*

Escreva seus pedidos:

Quinta

Você ora por seus fornecedores, para que sejam capazes de entregar com qualidade tudo o que você precisa para o seu negócio continuar avançando?

Tempo de oração

Peça ao Senhor que o ajude a orar por seus fornecedores, não por mero egoísmo, mas para que sua empresa seja capaz de produzir com qualidade e para que seja próspera por isso.

*Senhor, abençoa nossos fornecedores para que
sejam capazes de entregar nossos insumos no
prazo e com qualidade e para que percebam que
o Senhor está agindo na empresa deles.*

Escreva seus pedidos:

Sexta-feira

Você ora por seus clientes diariamente para que sejam prósperos e que conheçam Jesus por seu intermédio?

Tempo de oração

Peça a Deus que o ajude a manter uma vida de oração por seus clientes. Eles precisam ir bem, para que seus negócios também estejam bem e para que a vida deles seja transformada por se relacionarem com você nos negócios.

Senhor, que eu tenha oportunidade de impactar a vida dos meus clientes para que conheçam a Jesus como Senhor e Salvador da vida deles, e que o empreendimento deles seja próspero também.

Escreva seus pedidos:

Aponte ações que pretenda colocar em prática imediatamente:

Semana 2

Em busca da provisão de Deus

Mateus 6:25-34

Tempo da Palavra

[33]Busquem, pois, em primeiro lugar o Reino de Deus e a sua Justiça, e todas essas coisas lhes serão acrescentadas.

O Sermão do Monte parece ser o único sermão de Jesus registrado na Bíblia de forma completa. Graças a Deus por isso, pois esse sermão ensina, antes de tudo, que é possível viver na dependência de Deus para tudo, não apenas para algumas coisas. Isso é libertador, porque permite que o empreendedor submeta a Deus todas as suas angústias e aflições. Mas observe também o regramento deste ensino, que orienta colocar o reino de Deus e a sua justiça em nossas empresas antes de que qualquer outra coisa, como sucesso, equipe, resultados, projetos, clientes etc. Não se engane: não trazer os princípios e valores do reino de Deus para sua empresa quebrará um princípio fundamental, estabelecido por Deus, para que, só então, as demais coisas sejam acrescentadas.

MEDITAÇÕES PARA A SEMANA

Segunda-feira

Quem tem sido a fonte da sua dependência: Deus ou as suas capacidades e conhecimentos?

Tempo de oração

Ore para que Deus o capacite, por meio do Espírito Santo, e para que você aprenda a sempre depender dele, não se fiando em si mesmo para conduzir os seus negócios e equipes.

*Espírito Santo de Deus, quero depender
completamente de ti para deixar meu orgulho
de lado e buscar sempre depender do Senhor
na condução dos meus negócios, e isso não será
confundido por mim com a ideia equivocada
de que, por depender de ti, não preciso de
nenhum preparo técnico. Estou seguro de que
também farei a minha parte neste negócio,
mas sei que, sem a Tua direção, estarei sozinho,
e não é isso que desejo. Em nome de Jesus,
ouve o meu clamor.*

Escreva seus pedidos:

Terça-feira

Você acredita que o que o levou até onde está foi sua capacidade? Você acha que Deus, de alguma forma, dividiria a glória dele com você?

Tempo de oração

Ore para que Deus revele, por meio do Seu Espírito Santo, de onde vem o sucesso ou mesmo o fracasso. Peça que você jamais se esqueça de que, apesar de suas habilidades e conhecimento, é o Senhor quem o capacita.

Espírito Santo de Deus, ajuda-me a ser confiante,
mas a nunca acreditar que o sucesso vem
apenas das minhas capacidades, e ajuda-me
e depositar minha segurança nas promessas
do Senhor para os meus negócios.

Escreva seus pedidos:

Quarta-feira

Você reconhece que tudo é do Senhor e que foi Ele quem lhe deu todas as coisas, mesmo que pareça que foi você quem realizou e conquistou?

Tempo de oração

Peça a Deus que abra os seus olhos da fé para que você entenda que tudo que existe debaixo do céu é do Senhor.

Senhor, tudo vem de ti, inclusive a capacidade de fazer, adquirida até hoje por meio da Tua graça. Sei que o Senhor é quem me capacitas.

Escreva seus pedidos:

_____

_____

_____

Quinta

No fracasso, de quem é a culpa: é de Deus ou você reconhece que Deus pode usar até o fracasso para que você aprenda e cresça?

_____

_____

Tempo de oração

Peça ao Senhor que o ajude a enxergar com os olhos da fé e aprender, até quando tudo dá errado.

Senhor, não quero fracassar, mas, se isso acontecer, reconhecerei que Tu me levantarás e me darás um novo caminho.

Escreva seus pedidos:

_____

_____

_____

Sexta-feira

As coisas simples do meu negócio também precisam depender totalmente de Deus?

Tempo de oração

Peça a Deus que o ajude a compreender que Ele não é um amuleto ou um socorro para os grandes problemas. Deus é o melhor companheiro de caminhada que podemos ter para toda e qualquer circunstância.

Senhor, não existe coisa simples ou complexa no meu negócio, então, capacita-me para depender do Senhor em tudo.

Escreva seus pedidos:

Aponte ações que pretenda colocar em prática imediatamente:

Semana 3

Viva na dependência de Deus

Mateus 6:34

Tempo da Palavra

[34]Portanto, não se preocupem com o amanhã, pois o amanhã se preocupará consigo mesmo. Basta a cada dia o seu próprio mal.

Ao desavisado, quero imediatamente esclarecer que este versículo não é base para sua falta de organização e planejamento. Não tente usá-lo como desculpa para explicar por que sua empresa não está indo bem ou sendo conduzida corretamente, o que a levou ou levará a um naufrágio ou, na melhor das hipóteses, à direção errada. O contexto aqui é Jesus alertando os "pré-ocupados" de que eles não podem fazer nada para melhorar aquilo que Deus planejou fazer só amanhã e que não têm de gastar tempo agora com o que ainda está por vir, mas devem se preocupar com o hoje. Essa ideia faz nossos olhares voltarem para o versículo anterior, que nos ensina que, se focarmos no reino de Deus e na sua justiça hoje, podemos colocar nossa atenção para realizar as coisas de hoje, porque amanhã (isto é, as demais coisas) haverá novas ocupações as quais Deus nos ajudará a resolver quando o amanhã chegar. Assim, cada dia pode receber o seu foco para alcançar os resultados do dia, e a consequência é que, alcançando o resultado do dia, no fim de um período (amanhã ou daqui a um mês ou meses).

MEDITAÇÕES PARA A SEMANA

Segunda-feira

Você acredita que depender de Deus é sinônimo de falta de planejamento e organização? Por quê?

_____

_____

_____

Tempo de oração

Ore para que Deus o capacite a entender a diferença entre planejar e organizar e de não querer depender dele.

Espírito Santo de Deus, ajuda-me a planejar
como se tudo dependesse de mim e a executar
dependendo completamente de ti. Não permitas
que eu caia no engano da ideia de espiritualidade
irresponsável nem da autossuficiência.

Escreva seus pedidos:

_____

_____

_____

_____

_____

_____

Terça-feira

Dependência de Deus é confiar que, só porque eu orei, as coisas têm que acontecer?

Tempo de oração

Ore para que Deus se revele ao seu coração na Palavra e mostre claramente a você quem é o Senhor e quem é o servo e que a vontade soberana é do Pai.

Espírito Santo de Deus, dá-me entendimento para saber quando esperar o Teu mover e quando avançar com as minhas habilidades, mas na dependência exclusiva do Senhor.

Escreva seus pedidos:

Quarta-feira

Para você, a afirmação de Jesus "Basta a cada dia o seu próprio mal" pode ser entendido como não cultivar sonhos para o futuro ou não planejar e criar projetos de longo prazo?

Tempo de oração

Peça a Deus que abra os seus olhos e lhe dê planos e projetos para o futuro, não permitindo que você fique preso ao hoje, como se sonhar fosse algo errado.

Senhor, se, por um lado, não quero ficar ansioso
pelo dia de amanhã, por outro, não quero
ser negligente quanto a ele. Capacita-me para
equilibrar o hoje e o amanhã.

Escreva seus pedidos:

Quinta-feira

Focar no hoje é a decisão mais acertada para a sua empresa ou você deveria pensar no amanhã e planejá-lo, mas agir para que o hoje seja realizado com toda a sua capacidade?

Tempo de oração

Peça ao Senhor que lhe dê equilíbrio entre o hoje e o amanhã.

Senhor, não permitas que a ansiedade quanto ao
amanhã tome conta de mim, pois não tenho total
domínio sobre ele. Ajuda-me a descansar em ti,
Senhor, no que já planejaste e organizaste para o
amanhã. Isso me ajudará a conseguir
viver o hoje com equilíbrio.

Escreva seus pedidos:

Sexta-feira

Será que é possível equilibrar a dependência de Deus com as ferramentas de planejamento e organização, a fim de termos equilíbrio entre o hoje e o amanhã?

Tempo de oração

Peça a Deus que o oriente, por meio do Espírito Santo e da Palavra, a ser capaz de equilibrar fé e planejamento, organização e mover do Espírito.

*Senhor, preciso da Tua orientação para
planejar regularmente as coisas que o Espírito Santo
revela ao meu coração, que leio na
Tua Palavra. Ajuda-me a colocar tudo isso,
de forma organizada, no papel dos
meus planejamentos, mas também a viver em
plena dependência de ti. Se for da
Tua vontade mudar os meus planos, está
tudo certo; faça como tu queres,
e terei o maior prazer em obedecer-te.*

Escreva seus pedidos:

Aponte ações que pretenda colocar em prática imediatamente:

Semana 4

A obediência a Deus

1 Samuel 15:1-23

Tempo da Palavra

⁹Mas Saul e o exército pouparam Agague e o melhor das ovelhas e dos bois, os bezerros gordos e os cordeiros. Pouparam tudo que era bom, mas a tudo que era desprezível e inútil destruíram por completo.

O texto continua: "Acaso tem o Senhor tanto prazer em holocaustos e em sacrifícios quanto em que obedeçam à sua palavra?" (v.22). Para Deus, a obediência é melhor que sacrifícios e que a gordura dos nossos "cordeiros" sacrificados, pois o que Deus espera de nós é um coração submisso e desejoso por cumprir o que Ele mandou fazer. Também é importante nos lembrarmos de que a rebeldia é como o pecado de feitiçaria, e a arrogância como o mal da idolatria.

Esta mesma história se repete até os dias de hoje em nossas empresas. Deus nos manda parar, e seguimos em frente; Deus nos manda dar, e vendemos; Deus nos manda demitir, e mantemos; Deus nos manda cancelar, e contratamos; Deus nos manda não nos associarmos, e nos tornamos sócios.

Deus não está interessado em conquistas, mas em obediência, pois o pecado original é a desobediência. Agora, você entende por quê? Porque para Deus a obediência é tão importante que Ele quer vê-la acontecendo nos nossos negócios.

MEDITAÇÕES PARA A SEMANA

Segunda-feira

Nossa obediência a Deus pode ser parcial, como foi a de Saul?

_____

_____

Tempo de oração

Ore para que Deus lhe mostre em que áreas você tem desobedecido parcial ou completamente.

Espírito Santo de Deus, quero entender
o que a Palavra de Deus diz e obedecê-la
completamente e não parcialmente.

Escreva seus pedidos:

_____

_____

_____

Terça-feira

Dentro dos negócios, obedecer é prova de amor, medo, liberdade ou respeito?

_____

_____

Tempo de oração

Ore para que Deus revele Sua vontade e o ajude a cumpri-la por amor e respeito a quem Deus é.

Espírito Santo de Deus, preciso da
Tua ajuda para aprender como obedecer
ao Senhor incondicionalmente.

Escreva seus pedidos:

Quarta-feira

Deus nos pede obediência ou Ele prefere nossas atividades, nossas ofertas e nosso sucesso?

Tempo de oração

Peça a Deus foco para obedecer ao que Ele ordenar.

Senhor, preciso discernir com clareza
o Teu chamado e as tarefas que precisa que
eu faça, bem como para obedecer
exatamente ao que Tu ordenaste, mesmo que
isso custe o "sucesso" na vida empresarial.

Escreva seus pedidos:

Quinta-feira

Você estaria disposto a sacrificar algo de grande valor para você, por amor e obediência a Deus?

Tempo de oração

Peça ao Senhor que lhe dê coragem e ousadia.

Senhor, não quero me ocupar com distrações que não apontem para exatamente aquilo que Tu queres.

Escreva seus pedidos:

Sexta-feira

Qual é ou quais são os pedidos de Deus para você obedecer que estão aguardando você decidir se agirá ou não?

Tempo de oração

Peça a Deus que lhe dê ousadia para agir.

Senhor, ajuda-me a estabelecer um padrão de obediência alto, a ponto de, ao ouvir a Tua voz, eu esteja disposto a obedecer-te, custe o que custar.

Escreva seus pedidos:

Aponte ações que pretenda colocar em prática imediatamente:

Semana 5

Defina prioridades

Lucas 12:16-21

Tempo da Palavra

[20]*Contudo, Deus lhe disse: "Insensato! Esta mesma noite a sua vida lhe será exigida. Então, quem ficará com o que você preparou?".*

Não conheço nenhum texto na Bíblia pelo qual pudéssemos refutar o acúmulo de bens que gera riqueza, mas conheço mais de algumas dezenas que alertam quanto aos perigos do amor às riquezas. Em outra parábola, Jesus alerta quanto a esse perigo ao afirmar: "Ninguém pode servir a dois senhores; pois odiará a um e amará o outro, ou se dedicará a um e desprezará o outro. Vocês não podem servir a Deus e ao Dinheiro" (Mt 6:24)". Outro fato interessante é que Jesus, nesta passagem, usa a palavra *senhor*, identificando o amor ao dinheiro como um amor a uma potestade, a um senhor que tem a capacidade de dominar a sua vida, e esta é a única vez que Jesus trata coisas como senhor.

Sua empresa pode e deve ganhar dinheiro e, se possível, muito dinheiro, mas precisará colocar o dinheiro no lugar que ele deve ocupar: de servo e não de senhor. Nunca permita que seu coração tenha tanto amor ao dinheiro a ponto de dar a ele a posição de mais destaque, mas que ele seja usado, em primeiro lugar, para o avanço do reino de Deus.

MEDITAÇÕES PARA A SEMANA

Segunda-feira

Ganhar dinheiro parece ser pecado para você ou o dinheiro, muito ou pouco, se transforma em ferramenta para servir a algum propósito?

_____

_____

Tempo de oração

Ore para que o Espírito Santo revele ao seu coração a melhor forma de se relacionar com o dinheiro e para que ele seja uma ferramenta boa em suas mãos.

*Senhor Jesus, o dinheiro é um ótimo servo
e um péssimo senhor, então, ajuda-me a me
relacionar com ele da forma correta.*

Escreva seus pedidos:

_____

_____

_____

_____

_____

_____

Terça-feira

Por que você acha que o dinheiro tem feito tantos estragos na vida das empresas e das pessoas?

_____

_____

_____

Tempo de oração

Ore para que Deus revele Sua vontade e o ajude a aprender a utilizar o dinheiro como bênção e não maldição.

> *Senhor Jesus, que o dinheiro nunca conquiste o meu coração, ao contrário, capacita-me a ter domínio sobre ele.*

Escreva seus pedidos:

_____

_____

_____

Quarta-feira

Se "o amor ao dinheiro é a raiz de todos os males" (1Tm 6:10), que estratégia você pensa usar para não amar mais o dinheiro do que o Senhor Jesus?

_____

_____

_____

Tempo de oração

Peça a Deus foco para obedecer ao que Ele ordenar, mesmo que isso envolva todo o dinheiro.

*Senhor, protege-me e me capacita para eu
conseguir colocar as posses, o dinheiro,
o poder e o conforto que o dinheiro traz
em seu devido lugar.*

Escreva seus pedidos:

_____

_____

_____

Quinta-feira

Você já consegue entender o papel que o dinheiro tem para trazer desenvolvimento e conforto em sua empresa ou família, o papel que ele tem no avanço reino de Deus e como equilibrar essas duas coisas?

_____

_____

Tempo de oração

Peça ao Senhor que lhe dê coragem para decidir pelo Reino sempre que isso for requerido de você, e não pelo conforto próprio, que só traz prazer momentâneo.

*Senhor, eu sei que o dinheiro é um bom servo,
então, redireciona a minha mente e o
meu coração. Orienta-me sobre onde devo
intensificar os recursos em cada situação.*

Escreva seus pedidos:

_____

_____

Sexta-feira

Reino de Deus *versus* conforto pessoal e prazeres da vida: em qual você mais tem investido os seus recursos?

_____

_____

Tempo de oração

Peça a Deus clareza para direcionar recursos, de forma equilibrada, tanto para seu conforto quanto para a expansão do Reino.

Senhor, dá-me equilíbrio para gerenciar
os recursos que estão em minhas mãos, como
um bom e fiel mordomo faria.

Escreva seus pedidos:

_____

_____

_____

Aponte ações que pretenda colocar em prática imediatamente:

_____

_____

_____

_____

_____

_____

_____

_____

Semana 6

Desenvolva líderes

Lucas 10:1-24

Tempo da Palavra

[17]Os setenta e dois voltaram alegres e disseram: "Senhor, até os demônios se submetem a nós, em teu nome". [20]"Contudo alegrem-se, não porque os espíritos se submetem a vocês, mas porque os seus nomes estão escritos no livro da vida".

Empresas tendem a pensar que os melhores líderes são os que têm os melhores currículos e apresentam os melhores números nos seus relatórios. No entanto, os melhores de verdade são aqueles que de fato entendem a missão, a visão e os valores da empresa. Se os líderes não compreendem a importância dessas coisas, não as têm gravadas no coração e não entendem as tarefas e os objetivos estabelecidos, nem mesmo os melhores currículos podem cumprir a missão necessária.

O fator determinante para se classificar um grupo de líderes não deveria ser apenas um currículo impecável, ainda que isso seja muito importante e ajude a cumprir a missão. O que indica de forma eficaz se alguém é um bom líder é o seu nível de engajamento com a cultura e os valores da organização. Sua empresa nunca será uma Embaixada ou uma Agência do reino de Deus com líderes que não tenham os valores do reino divinal.

MEDITAÇÕES PARA A SEMANA:

Segunda-feira
Você escolheria líderes que não se importam com os meios, mas que geram resultados para sua empresa?

_____

_____

Tempo de oração
Ore para que o Espírito Santo lhe dê sabedoria para ser o líder que sua equipe precisa.

Senhor Jesus, revela-me quais são os indicadores que de fato importam para ti quando lidero pessoas. Eu sei avaliar vários deles, mas preciso entender, com Teus olhos, para liderar minha equipe e conduzir minha empresa.

Escreva seus pedidos:

_____

_____

_____

_____

_____

_____

Terça-feira

Você já pensou em como se monta uma equipe eficaz e, ao mesmo tempo, com valores da Palavra de Deus?

Tempo de oração

Ore para que Deus revele a Sua vontade e o ensine a escolher as pessoas que formarão a sua equipe; também que o Senhor ou a como direcionar as que já estão nela.

Senhor Jesus, dá-me sabedoria para ajudar minha equipe a ser mais parecida contigo, em Tuas deliberações.

Escreva seus pedidos:

Quarta-feira

Talvez sua empresa não tenha grandes currículos; ainda assim, você está disposto a fazer coisas extraordinárias junto com a sua equipe?

Tempo de oração

Peça a Deus a capacidade para você amar os integrantes da sua equipe e transformá-los em uma equipe de alto nível.

Senhor, preciso da capacidade vinda de ti para
fazer coisas extraordinárias mesmo que minha
equipe seja formada por pessoas simples.

Escreva seus pedidos

_____

_____

_____

Quinta-feira

Se sua equipe é formada por grandes "estrelas de currículo",
reflita: os valores e propósitos delas estão alinhados com os seus?

_____

_____

Tempo de oração

Peça a Deus que lhe dê ousadia para dizer a qualquer um ao seu
redor quais são os valores em que você acredita e o quanto isso
define as decisões que você toma.

Senhor, os Teus valores revelados em Tua
Palavra são muito mais importantes para mim
do que qualquer currículo ou do que os donos
dos currículos acham que são capazes de fazer.
Capacita-me a viver sob essa segurança.

Escreva seus pedidos:

_____

_____

_____

_____

Sexta-feira

Mesmo que os líderes da sua empresa sejam comprometidos com a visão e propósito da companhia, você precisa continuar discipulando-os ou pode relaxar quanto a isso?

_____

_____

Tempo de oração

Peça a Deus perseverança para nunca parar de investir tempo na sua equipe, a fim de que conheçam os Seus propósitos.

Senhor, que eu seja um instrumento
usado por ti para anunciar os Teus valores
à minha equipe todos os dias.

Escreva seus pedidos

_____

_____

_____

Aponte ações que pretenda colocar em prática imediatamente:

_____

_____

_____

_____

_____

_____

_____

_____

Semana 7

Estrutura organizacional importa

Êxodo 18:1-27

Tempo da Palavra

[13]No dia seguinte Moisés assentou-se para julgar as questões do povo, e este permaneceu de pé diante dele, desde a manhã até o cair da tarde. [14]Quando o seu sogro viu tudo o que ele estava fazendo pelo povo, disse: "Que é que você está fazendo? Por que só você se assenta para julgar, e todo este povo o espera de pé, desde a manhã até o cair da tarde?". [15]Moisés lhe respondeu: "O povo me procura para que eu consulte a Deus. [16]Toda vez que alguém tem uma questão, esta me é trazida, e eu decido entre as partes, e ensino-lhes os decretos e leis de Deus". [17]Respondeu o sogro de Moisés: O que você está fazendo não é bom.

Não há uma história melhor sobre estrutura organizacional, no Antigo Testamento, do que essa. É possível ver o papel de um bom conselheiro que, vendo de fora do problema, o peso que o CEO carregava nos ombros e como isso atrapalhava a vida dos seus liderados, chega para contribuir; não só para dizer faça isso ou aquilo, mas para ajudar o CEO a enxergar que ele não conseguirá levar todo aquele fardo nos seus ombros, de forma centralizadora. Depois que o conselheiro sai de cena, o CEO busca confirmar o conselho com o presidente do conselho, o próprio Deus, que ratifica as palavras do conselheiro. Então, o CEO reescreve o organograma, muda os processos e reequilibra as atividades da "sua empresa". Para Moisés, fazer sozinho parecia mais rápido ou mais fácil, porém, percebeu que, na prática, não era, e então decidiu delegar parte de suas tarefas a sua equipe.

Como CEO, as coisas complexas que a equipe não sabe como resolver devem ser atendidas por você. Delegue as demais e acompanhe sua equipe. Você verá que assim será melhor, menos cansativo e levará a empresa mais longe.

MEDITAÇÕES PARA A SEMANA

Segunda-feira

Sua empresa está centralizada em vocês ou você já consegue delegar para sua equipe?

Tempo de oração

Ore para que o Espírito Santo revele se você tem sido um líder centralizador e quais os motivos que o levam a agir assim.

Senhor, não percebo quando sou centralizador,
então, revela a mim esse problema, pois
estou cansado de carregar tudo nas minhas costas
e sei que isso não está certo.

Escreva seus pedidos:

Terça-feira
Você já aprendeu a diferença entre delegar e entregar?

Tempo de oração
Peça ao Espírito Santo que mostre para você as áreas de insegurança que o impedem de confiar na sua equipe e mantêm as atividades centralizadas em você.

Senhor, assim como fez a Moisés, ensina-me
a delegar tarefas aos meus liderados e
conduzi-los durante toda a caminhada, sem
me sentir frustrado, irresponsável ou
achar que ninguém pode fazer o que eu faço.

Escreva seus pedidos:

Quarta-feira

Você respeita as decisões que seus liderados tomam, mesmo quando erram tentando acertar, tornando o ambiente um lugar favorável para que o erro, não a negligência, seja uma fonte de aprendizado?

Tempo de oração

Peça a Deus que abra sua mente para que, ao liderar sua equipe, sua empresa seja um lugar de crescimento e aprendizagem.

*Senhor, capacita-me para entender a diferença
entre errar tentando fazer o certo e
errar por negligência e falta de compromisso.*

Escreva seus pedidos:

Quinta-feira

Sua equipe olha para você como um líder inspirador ou um chefe opressor? Sua estrutura organizacional é favorável para que haja aprendizado na organização e desenvolvimento de novos líderes, que sejam potenciais líderes para sua empresa no futuro?

Tempo de oração

Peça ao Espírito Santo que o impulsione e capacite a ser como Jesus, um líder inspirador.

Senhor, quero ser como Jesus, um líder inspirador
que impactou a vida de Seus discípulos,
mesmo que tenha havido alguns que decidiram
não o seguir e até traí-lo.

Escreva seus pedidos:

Sexta-feira

Olhando para o seu organograma, quem o tem ajudado nas horas de pressão e decisões complexas?

Tempo de oração

Peça a Deus que traga para a sua equipe pessoas em quem você possa confiar, que honrem o compromisso que assumiram ou assumirão com você.

Senhor, coloca em minha vida, bons conselheiros,
pois, na multidão de conselheiros,
quando bem escolhidos, há sabedoria.

Escreva seus pedidos:

Aponte ações que pretenda colocar em prática imediatamente:

Semana 8

Crie equipes fortes

2 Samuel 23:8-17

Tempo da Palavra

9Os israelitas recuaram, 10mas ele [Eleazar] manteve a sua posição e feriu os filisteus até a sua mão ficar dormente e grudar na espada.

Todo empresário ou executivo, líder de equipes, espera ter em seu grupo homens e mulheres comprometidos a ponto de empregarem suas melhores forças e toda a sua disposição na empresa e suas causas. Davi conseguiu formar uma equipe com três homens valentes: Jabesão, Eleazar e Samar formavam este grupo dos sonhos. Davi sabia que Deus havia estado com ele por toda a sua vida e, por isso, ele aprendeu a governar o povo, ou seja, liderar com justiça. Davi diz nos versos anteriores que quem lidera assim "é como a luz da manhã ao nascer do sol, numa manhã sem nuvens. É como a claridade depois da chuva, que faz crescer as plantas" (v.4). Ele continua dizendo que essa capacidade foi dada por Deus, que fez aliança com ele e suas gerações, fazendo prosperar seu trabalho e impedindo que os "concorrentes" atrapalhassem. Por fim, ele exalta o seu grupo de valentes, que o ajudaram em suas conquistas.

MEDITAÇÕES PARA A SEMANA

Segunda-feira

Sua equipe é composta de pessoas mais hábeis que você, ou você sente medo de que outras pessoas passem a sua frente?

Tempo de oração

Ore para que o Espírito Santo revista você de segurança para andar com pessoas melhores que você. Isso lhe dará muitas experiências que podem contribuir para o sucesso da sua empresa.

Senhor, livra-me da insegurança
de ter ao meu lado pessoas melhores do que eu.

Escreva seus pedidos:

Terça-feira

Você duvida da capacidade que possa ter para formar e liderar uma equipe de pessoas melhores que você?

Tempo de oração

Ore para que o Espírito Santo o capacite a conviver com pessoas muito boas e, se não for possível, que lhe dê condições de ensinar tudo que sabe, para fazer que eles aprendam e cresçam com você.

Senhor, coloca ao meu lado os melhores,
mas, se não forem, ajuda-me a transformá-los
na melhor equipe de todas.

Escreva seus pedidos:

Quarta-feira

As pessoas de sua equipe se sentem seguras para demonstrar suas habilidades, ou inseguras porque, se errarem, serão punidas?

Tempo de oração

Peça sabedoria a Deus para criar um ambiente de segurança na sua empresa, atraindo profissionais que se sentirão seguros para o ajudar a crescer.

Senhor Jesus, quero ser parecido contigo
e abrir espaço para que minha equipe cresça e
mostre que pode fazer melhor que eu.

Escreva seus pedidos:

Quinta-feira

O que você considera importante em um profissional, para que ele se torne relevante na sua equipe?

Tempo de oração

Peça ao Senhor Jesus que revele as áreas de desenvolvimento, as pessoas que devem fazer parte da equipe, as que precisam receber apoio e as que precisam deixar a equipe.

Senhor, abre os meus olhos para que
eu consiga perceber quem são os melhores
da minha equipe e consiga ajudá-los
a entender que precisam investir na vida de
outros. Que eu também ajude aqueles
que não estão conseguindo ter bom desempenho,
para poderem avançar em suas carreiras.

Escreva seus pedidos:

Sexta-feira

Você reconhece as vitórias que sua equipe conquista e as celebra publicamente? Você anima a sua equipe a continuar perseverando, mesmo quando ela não consegue alcançar uma meta estabelecida?

Tempo de oração

Peça a Deus o equilíbrio necessário para cuidar da sua equipe, mesmo quando ela não se sai bem. Peça ainda para que Ele o ajude a não deixar que a equipe caia no engano de achar que ela não é capaz de reverter um quadro de perdas em um quadro de vitórias.

Senhor, não me deixes ser hipócrita ao celebrar perdas, apenas para parecer bonzinho, mas me ajuda a aprender e crescer com elas e com a minha equipe.

Escreva seus pedidos:

_____

_____

_____

Aponte ações que pretenda colocar em prática imediatamente:

_____

_____

_____

_____

_____

_____

_____

_____

_____

_____

Semana 9

Lidere de forma situacional

Lucas 6:12-16

Tempo da Palavra

¹²Num daqueles dias, Jesus saiu para o monte a fim de orar, e passou a noite orando a Deus.

Nem mesmo Jesus, o próprio Deus encarnado, deixou de orar para escolher Sua equipe. Havia andado sozinho por algum tempo e conquistado seguidores. Entendendo ser o tempo, Ele se retira, ora e então escolhe Sua equipe para enfrentar a situação que, hoje, sabemos qual seria, mas, na época, Seus discípulos nem imaginavam.

Assim como atualmente, as possibilidades e perfis disponíveis para a Sua equipe eram muitos. Tal como Jesus, quando vamos montar a nossa equipe ou recompô-la, não deveríamos deixar de orar por um tempo e escolhê-la de acordo com a situação e direção dadas por Deus.

A empresa é o local para o qual você foi chamado para cumprir sua vocação, então, uma equipe adequada é importante!

O interessante é que, na equipe de Jesus, havia alguns que talvez nós não contrataríamos, mas Ele pacientemente os treinou, orientou e deu oportunidade para que todos fossem restaurados e entregassem o máximo do seu potencial.

MEDITAÇÕES PARA A SEMANA

Segunda-feira
O que move você quando está liderando pessoas na sua empresa: as ações, as entregas, ou a sua vida de oração?

Tempo de oração
Peça a Deus que lhe dê sabedoria do alto e as competências técnicas e relacionais para liderar com a qualidade que Ele espera de você.

Senhor, preciso de amor, paciência,
perseverança e muita sabedoria para liderar
minha equipe em uma situação de crise.

Escreva seus pedidos:

Terça-feira
Você e sua equipe estão preparados para enfrentar situações difíceis?

Tempo de oração

Peça a Deus para que lhe dê um espírito de ousadia em Jesus, na autoridade do Espírito Santo, pois Ele o capacitará diante das situações e circunstâncias da vida empresarial.

Senhor, capacita a mim e a minha equipe
a lidar com as vitórias e derrotas
que poderemos vivenciar.

Escreva seus pedidos:

Quarta-feira

Qual é a situação que você mais teme que aconteça na sua empresa que o levará a passar por dias difíceis?

Tempo de oração

Peça ao Espírito Santo que revele toda a verdade sobre os temas que roubam sua alegria no dia a dia.

Senhor, eu não deveria me preocupar com o dia
de amanhã, mas esse assunto rouba a minha
tranquilidade, e eu preciso da Tua paz.

Escreva seus pedidos:

Quinta-feira

Você estaria disposto a compartilhar com a sua equipe alguma situação que rouba a sua paz?

_____

_____

Tempo de oração

Peça ao Senhor Jesus que dê a você coragem, mas também prudência, para se abrir com um grupo de líderes que possa ajudá-lo a carregar suas cargas.

_Senhor, dá-me confiança e segurança
para abrir meu coração com minha equipe
e contar com eles para a caminhada._

Escreva seus pedidos:

_____

_____

Sexta-feira

Como você reagiria se alguém na sua equipe traísse a sua confiança? Você o perdoaria?

_____

_____

Tempo de oração

Peça a Deus que abra seus olhos espirituais antes de qualquer processo seletivo para que sua equipe seja aquela que Ele planejou, evitando que tenha que mandar pessoas embora.

Senhor, capacita-me a perdoar, mesmo aqueles que eu gostaria de nunca ter contratado.

Escreva seus pedidos:

_____

_____

_____

Aponte ações que pretenda colocar em prática imediatamente:

_____

_____

_____

_____

_____

_____

_____

_____

_____

_____

_____

_____

_____

_____

_____

_____

_____

_____

_____

_____

Semana 10

Valorize as pessoas da sua equipe

1 Coríntios 12:12-29

Tempo da Palavra

[14]O corpo não é composto de um só membro, mas de muitos. [15]Se o pé disser: "Porque não sou mão, não pertenço ao corpo"; nem por isso deixa de fazer parte do corpo.

Paulo nos ensina quanto à importância de envolvermos os membros das nossas equipes uns com os outros, assim com exortou a igreja sobre o papel de cada membro no corpo de Cristo. Tenho aprendido com os anos que são as pessoas, e as pessoas conectadas umas às outras, que constroem negócios bem-sucedidos. Contradizendo o que acontece nas corridas de cavalos, no mundo dos negócios, apostamos em jóqueis, não em cavalos; isso está ainda mais evidente nas empresas de tecnologia onde a velocidade de mudança nas ferramentas é tão grande que, sem a habilidade das pessoas para fazer o negócio, uma empresa ficaria obsoleta rapidamente.

Todos na equipe são importantes. Pense em seu processo empresarial, retire mentalmente uma ou mais pessoas e avalie se os negócios funcionarão bem; se funcionar de forma excelente, é porque há pessoas demais, e não porque a pessoa não é importante.

Uma boa equipe é unida, composta pela quantidade certa de pessoas (nem mais nem menos) e precisa ter o necessário a fim de fazer tudo com excelência, com os olhos postos em Deus, que é excelente.

MEDITAÇÕES PARA A SEMANA

Segunda-feira

Você é uma pessoa que agrega a equipe ou que produz uma competição insuportável?

_____

_____

Tempo de oração

Peça ao Senhor que o ajude a entender sua equipe ou a equipe de que você participa e como você pode ser um fator de ligação entre elas.

Senhor, ajuda-me a ser um agregador,
um aglutinador, um líder que une as pessoas
e as move para uma causa.

Escreva seus pedidos:

_____

_____

_____

_____

Terça-feira

Você já formou uma equipe complementar, capaz de fazer o que você precisa?

Tempo de oração

Peça ao Senhor que lhe mostre pessoas da sua equipe que possam dividir a carga com você. Caso não haja nenhuma, busque fora da empresa, mas não ande sozinho.

> *Senhor, mesmo sozinho, preciso ser*
> *complementado por outros, pois os negócios*
> *exigem colaboração e complementariedade.*

Escreva seus pedidos:

Quarta-feira

Você tem buscado em sua empresa unanimidade ou unidade? Explique.

Tempo de oração

Peça a Senhor que abra os seus olhos para a necessidade da sua equipe, pois unidade produz crescimento e unanimidade pode produzir baixo diálogo.

Senhor, capacita-me para gerar unidade
com os meus liderados.

Escreva seus pedidos:

_____

_____

_____

Quinta-feira

Sem uma liderança unida, você acredita que alcançará resultados extraordinários?

_____

_____

Tempo de oração

Peça ao Senhor que lhe mostre em que áreas você e sua equipe precisam crescer para atingir resultados extraordinários.

Meu Deus, quero fazer o melhor,
o extraordinário, para o Senhor,
então, ajuda-me a
ser um líder extraordinário.

Escreva seus pedidos:

_____

_____

_____

_____

_____

_____

Sexta-feira

Quais têm sido suas ações com aquele membro da sua equipe que não está correspondendo às expectativas e apresenta dificuldades em progredir?

_____

_____

_____

Tempo de oração

Peça ao Senhor que o ajude a enxergar se o problema é do colaborador ou do líder, que, neste caso, pode ser você. Seja honesto com você mesmo e com a sua equipe quando precisar tratar qualquer tema, mesmo que seja um assunto espinhoso.

Senhor, capacita-me para que eu consiga ajudar o integrante da minha equipe que se encontra em dificuldades.

Escreva seus pedidos:

_____

_____

_____

Aponte ações que pretenda colocar em prática imediatamente:

_____

_____

_____

_____

Semana 11

Planeje em longo prazo

Gênesis 3:15-19

Tempo da Palavra
[15]Porei inimizade entre você e a mulher, entre a sua descendência e o descendente dela; este lhe ferirá a cabeça, e você lhe ferirá o calcanhar.

Este é o capítulo mais triste da história; o homem e a mulher pecaram. Alguns, tentando reduzir o poder de Deus, levantam o questionamento: se Ele é tão poderoso, por que permitiu o pecado entrar na Sua criação?

Não debateremos esta parte da teologia, mas aprenderemos com Deus sobre planejamento, observando o que acontece na história. Deus deu um plano maravilhoso para Adão e Eva: *avodá*, trabalho como adoração, mas eles desobedeceram e deixaram que as ameaças destruíssem as oportunidades que haviam sido dadas a eles. Hoje temos à disposição a análise SWOT, que é a ferramenta mais poderosa do planejamento estratégico. Uma boa análise das nossas forças, fraquezas, oportunidades e ameaças pode nos levar diretamente aos objetivos estabelecidos durante o planejamento. Planeje e tenha boas alternativas pensadas, a curto, médio e longo prazos.

MEDITAÇÕES PARA A SEMANA

Segunda-feira

Você considera que planejamento é um desperdício de tempo ou acredita que planejar é algo que agrada a Deus e abençoa seu negócio?

Tempo de oração

Peça ao Senhor que use a Sua Palavra revelada e os relacionamentos com outros empreendedores e colaboradores da sua equipe para ajudar você a entender que planejar é algo bom, prudente e contribui diretamente para o progresso e sucesso do negócio.

Senhor, quando gasto tempo planejando
não estou desconfiando
da Tua provisão para o meu negócio.

Escreva seus pedidos:

Terça-feira

Com que frequência você revisa o seu planejamento ou busca ajustar o rumo? Cada vez que percebe que errou o caminho?

Tempo de oração

Peça ao Senhor sabedoria para equilibrar suas atividades, sem renunciar a uma rotina. Acompanhar o planejamento é uma das principais tarefas dos líderes.

Senhor, ajuda-me a entender que
planejamento não é camisa de forças,
mas que eu preciso perseverar.

Escreva seus pedidos:

_____

_____

_____

Quarta-feira

O seu negócio permite planejar em longo prazo? O que é longo prazo em seu negócio?

_____

_____

Tempo de oração

Peça ao Senhor discernimento para aprender boas técnicas de planejamento que o ajudem a preservar o seu negócio, o ciclo de vendas, o caixa e o resultado.

Senhor, ajuda-me a compreender o ciclo
de vida do meu negócio, para que eu possa
planejar com a perspectiva correta.

Escreva seus pedidos:

Quinta-feira
Quando você planeja, envolve sua equipe para pensar em longo prazo ou acredita que isso é uma responsabilidade só sua?

Tempo de oração
Caso o problema seja orgulho e achar que você pode fazer tudo sozinho, peça a Deus que o ajude a entender que não há como planejar e muito menos como executar nada sozinho no mundo dos negócios.

*Senhor, eu preciso da Tua direção
e da ajuda da minha equipe, então, capacita
cada um deles e a mim.*

Escreva seus pedidos:

Sexta-feira
A Palavra de Deus e os valores expressos nela estão contidos no seu planejamento?

Tempo de oração

Peça ao Senhor ousadia para ser luz, não só por meio da sua vida, mas também nos seus negócios, na expressão dos valores, visão e missão da empresa e, principalmente, no dia a dia, no trato com cada pessoa da sua equipe. Lembre-se de que as pessoas são o alvo do seu ministério.

Senhor, quero expressar os valores do Teu Reino e da Tua Palavra nos planos do meu negócio.

Escreva seus pedidos:

Aponte ações que pretenda colocar em prática imediatamente:

Semana 12

Administre o tempo

Neemias 4:1-23

Tempo da Palavra

14Fiz uma rápida inspeção e imediatamente disse aos nobres, aos oficiais e ao restante do povo: "Não tenham medo deles. Lembrem-se de que o Senhor é grande e temível, e lutem por seus irmãos, por seus filhos e por suas filhas, por suas mulheres e por suas casas".

A história da reconstrução dos muros de Jerusalém é um excelente referencial do que Deus quer fazer em nossas empresas. Muitos acreditam que entrar em um projeto é coisa simples e desprezam as intempéries que encontrarão. O tempo é cruel, pois ele não volta atrás e tampouco adianta; ele é o que é. Um empresário prudente se prepara, planeja e executa gerenciamento dos recursos e do tempo.

Deus não pode estar fora dos seus projetos. Ele é tanto dono dos recursos quanto do tempo e poderá mudar algo no rumo de seus planos. Não acredito que Deus, sendo o dono de tudo, gostaria de ver os seus recursos e tempo, que também são limitados, sendo desperdiçados porque você não planejou bem a execução do projeto. Neemias concluiu o muro em tempo recorde porque não desperdiçou nada que chegou às suas mãos.

MEDITAÇÕES PARA A SEMANA

Segunda-feira

Você é organizado quando o assunto é agenda e cumprimento de prazos?

_____

_____

Tempo de oração

Peça ao Senhor do tempo que o ensine a fazer uma boa gestão dele, mas não se esqueça de que você também precisa fazer a sua parte, ou seja, caso precise de ajuda técnica, faça um curso de administração do tempo.

Senhor, preciso de ajuda para conseguir
cumprir prazos. Sei que não é bom
assumir compromissos e não cumpri-los.

Escreva seus pedidos:

_____

_____

_____

Terça-feira

Você já aprendeu a dizer "não" de forma que não ofenda o outro?

_____

_____

Tempo de oração

Peça ao Espírito Santo que o ajude a selecionar os projetos em que valham a pena embarcar e aqueles que para os quais se deve dizer "não".

Senhor, sei que preciso dizer "não" para algumas coisas que entram em minha agenda. Ajuda-me a fazer isso em amor.

Escreva seus pedidos:

_____

_____

_____

Quarta-feira

Que prioridade você atribui a estas três situações: urgente, importante e imprevisível?

_____

_____

_____

Tempo de oração

Peça ao Senhor que o capacite a discernir corretamente o grau de prioridade que cada tarefa tem e que não deixe que você se engane na hora de classificá-las. Não saber administrar isso é um dos principais ladrões do tempo.

Senhor, às vezes, não consigo discernir a prioridade das coisas. Ajuda-me, pois sem a Tua sabedoria, farei escolhas erradas.

Escreva seus pedidos:

Quinta-feira

O tempo não para e não volta. O que tem ocupado sua agenda em seu tempo de trabalho?

Tempo de oração

Peça ao Espírito Santo que, junto com você, avalie a sua agenda todas as semanas e que lhe dê sensibilidade de renunciar ao que não tem importância.

Senhor, meu tempo de trabalho precisa ser
mais bem organizado para que
eu consiga ser mais produtivo e eficaz.

Escreva seus pedidos:

Sexta-feira

Se o tempo não é um problema para você, como você tem ajudado seus liderados a organizar o tempo deles?

Tempo de oração

Peça ao Espírito Santo que revele e que use sua vida para identificar essas falhas no comportamento da sua equipe, permitindo que você os abençoe com sua experiência.

Senhor, quero ser um líder que colabora mais com a minha equipe, ajudando cada um dos integrantes dela a organizar melhor o seu tempo.

Escreva seus pedidos:

Aponte ações que pretenda colocar em prática imediatamente:

Semana 13

Gestão e direcionamento de pessoas

Efésios 4:1-3,11-13

Tempo da Palavra

¹Como prisioneiro no Senhor, rogo-lhes que vivam de maneira digna da vocação que receberam. ¹¹E ele designou alguns para apóstolos, outros para profetas, outros para evangelistas, e outros para pastores e mestres, ¹²com o fim de preparar os santos para a obra do ministério, para que o corpo de Cristo seja edificado.

Na carta aos efésios, Paulo se coloca na condição mais humilde, para não dizer humilhada, conhecida da época. Ele, mesmo sendo um homem muito preparado, letrado, viajado e cheio de conquistas, se impõe a condição de prisioneiro de Cristo. Bom, de Cristo, vale a pena ser prisioneiro, pois sabemos que seremos muito bem cuidados, mas qual era o intuito de Paulo? Chamar atenção da igreja em Éfeso quanto ao papel que deveria assumir na administração e direcionamento das vocações das pessoas. No contexto do mundo do trabalho, chamamos isso de liderança. Em geral, deixamos com o RH das nossas empresas esse papel, porém deveríamos assumi-lo nós mesmos. Assim como Jesus chamou para si a responsabilidade de liderar e desenvolver pessoas, que possa ser da mesma forma conosco, apoiados por nosso RH e suas técnicas, mas sob a nossa direção. Vamos cumprir a nossa responsabilidade de administrar e liderar nossas equipes para o alvo dos negócios, mas também apontando para Jesus e os princípios da Sua Palavra!

MEDITAÇÕES PARA A SEMANA

Segunda-feira

Você gosta muito de pessoas, a ponto de não renunciar a responsabilidade que tem com sua equipe?

Tempo de oração

Peça ao Senhor que faça você compreender o ministério que Ele mesmo colocou em suas mãos e a confiança que Ele tem de que você é capaz, no Espírito Santo, de amar cada pessoa de sua equipe.

Senhor, eu preciso do Teu amor
para conseguir amar a minha equipe,
como Tu amaste a Tua Igreja.

Escreva seus pedidos:

Terça-feira

Você pede ajuda, interna ou externa, quando precisa orientar sua equipe, mas não sabe o que fazer?

Tempo de oração

Peça ao Senhor que coloque ao seu lado pessoas com temor a Ele, mas também com conhecimento técnico para ajudarem você em temas que você não domina.

Senhor, não quero ser orgulhoso quando
eu não souber o que fazer para ajudar alguém.
Ensina-me a pedir ajuda.

Escreva seus pedidos:

Quarta-feira

Você é ansioso, e até impulsivo, para lidar com as pessoas da sua equipe ou consegue ouvir as histórias e formar uma opinião?

Tempo de oração

Peça ao Espírito Santo que o ajude a desenvolver o domínio próprio e a ter controle diante das mais diversas situações do seu dia a dia, mas que isso não seja uma desculpa para não tomar as decisões que precisam ser tomadas, evitando a procrastinação.

Senhor, não permitas que eu aja precipitadamente diante de qualquer circunstância com a minha equipe.

Escreva seus pedidos:

_____

_____

Quinta-feira

Os integrantes da sua equipe têm liberdade de procurá-lo e colocar as dúvidas deles diante de você ou você tem medo de ser criticado?

_____

_____

Tempo de oração

Peça ao Senhor que o ajude a criar um ambiente seguro, de confiança e receptivo na sua empresa

Senhor, desenvolve em mim a capacidade de gerar um ambiente de confiança para que minha equipe cresça.

Escreva seus pedidos:

_____

_____

_____

Sexta-feira

Você ajuda sua equipe a se desenvolver ou você a faz se sentir intimidada?

Tempo de oração

Peça ao Senhor que sua presença e liderança sejam tão inspiradoras que sua equipe se sinta encorajada a se desenvolver, seja capaz de errar rápido para aprender rápido e não tenha medo de compartilhar os erros, já que os erros são mais difíceis de se compartilhar do que os acertos.

Senhor, quero ser um encorajador
para a minha equipe.
Ajuda-me a fazer isso por eles.

Escreva seus pedidos:

Aponte ações que pretenda colocar em prática imediatamente:

Semana 14

Sabedoria para a sua equipe

Provérbios 2:1-11

Tempo da Palavra

6Pois o Senhor é quem dá sabedoria; de sua boca procedem o conhecimento e o discernimento.
9Então você entenderá o que é justo, direito e certo, e aprenderá os caminhos do bem.
11O bom senso o guardará, e o discernimento o protegerá.

Hoje em dia, definimos caráter pelo conjunto de características, que, sendo boas ou más, distinguem uma pessoa de outra por sua índole, temperamento, personalidade e comportamento. Por isso, cremos que uma empresa que cuida do caráter das pessoas pode obter um melhor resultado do que aquela que acha que isso é um problema da própria pessoa. Envolver-se com sua equipe pode mudar comportamentos, pode refletir no temperamento e em muitas outras áreas que afetarão o caráter dessa pessoa. Como cristãos, devemos crer que uma pessoa que se encontra com Jesus será transformada a ponto de vermos as mudanças, algumas muito profundas, no caráter do indivíduo. A Bíblia exorta: "...cada um de vocês deve abandonar a mentira e falar a verdade ao seu próximo [...] O que furtava não furte mais..." (Ef 4:25,28), ou seja, se você liderar sua equipe e apresentar o caráter de Cristo para eles, poderão ser transformados à imagem de Cristo e viver uma transformação completa no seu caráter.

MEDITAÇÕES PARA A SEMANA

Segunda-feira

Você deixa para cada líder ou pessoa de sua equipe a escolha de como desenvolver o próprio caráter?

_____

_____

Tempo de oração

Senhor, quero influenciar o caráter da minha equipe. Torna-nos parecidos contigo.

Escreva seus pedidos:

_____

_____

_____

_____

Terça-feira

Onde você busca sabedoria para aplicar no dia a dia da sua empresa?

_____

_____

_____

_____

Tempo de oração

Senhor, quero aprender mais do Teu caráter,
entender mais da Tua Palavra
e ver os reflexos disso na minha equipe.

Escreva seus pedidos:

Quarta-feira

Sua equipe consegue ver o caráter de Cristo em suas decisões empresariais?

Tempo de oração

Senhor, quero comunicar o Teu caráter aos outros
por meio da minha vida enquanto faço negócios.

Escreva seus pedidos:

Quinta-feira

Onde você busca informação sobre o que Jesus faria se Ele estivesse em seu lugar tomando uma decisão?

Tempo de oração

Senhor, quero que minhas decisões reflitam
o Teu caráter e, para isso, quero dedicar tempo
à Tua Palavra e tempo em oração para aprender de ti.

Escreva seus pedidos:

Sexta-feira

Como você lida com uma pessoa da sua equipe que tem um desvio de caráter?

Tempo de oração

Senhor, não sei como lidar com pessoas que apresentam desvio de caráter, mas sei que o Espírito Santo pode me capacitar a isso. Portanto, ajuda-me.

Escreva seus pedidos:

Aponte ações que pretenda colocar em prática imediatamente:

Semana 15

Feitos à imagem de Deus

Gênesis 1:26-31

Tempo da Palavra

[26]*Então disse Deus: "Façamos o homem à nossa imagem, conforme a nossa semelhança".*

Toda humanidade foi criada para se parecer com Deus. O homem não foi feito para ser o que é hoje; ele escolheu, por decisão própria, desobedecer a Deus depois de haver sido criado para ser semelhante a Ele, ter o caráter dele. Isso deveria nos mobilizar para anunciar Jesus Cristo a todos os homens e mulheres que pudermos, pois o plano de Deus, em Jesus, é devolver o caráter de Cristo para nós. Desde a escolha equivocada do homem no começo do mundo, a humanidade tem se desviado do alvo, e você foi chamado e vocacionado por Deus nos seus negócios para anunciar a reconciliação em Jesus. Portanto, trabalhe por isso; todos os seus colaboradores são influenciados pela sua atitude e pela forma como você assumirá esta responsabilidade, pois pode ser que você tenha sido chamado para isso neste tempo, para ser um empresário ou profissional liberal, para pastorear as "ovelhas perdidas" que Deus arrebanhou e colocou juntas em sua empresa. Mãos à obra! A seara é grande e poucos são os trabalhadores, mas o Senhor da seara o convocou para o trabalho.

MEDITAÇÕES PARA A SEMANA

Segunda-feira

Você acredita na transformação do caráter de uma pessoa ou acredita que "pau que nasce torto não se endireita"?

_____

_____

Tempo de oração

*Senhor, dá-me um coração pronto para
entender que o Espírito Santo pode transformar
completamente o caráter de qualquer pessoa.*

Escreva seus pedidos:

_____

_____

Terça-feira

O que você faz quando alguém da sua equipe falha com você: dá oportunidade para que a pessoa repense sua atitude e mude?

_____

_____

Tempo de oração

Senhor, livra-me de me tornar um "juiz" e ajuda-me também a entender a forma de ajudar essa pessoa a mudar o caráter dela.

Escreva seus pedidos:

Quarta-feira

Você trata absolutamente tudo com passividade, ou seja: normaliza comportamentos displicentes e mal-intencionados, sem advertir-lhes sobre as possíveis consequências?

Tempo de oração

Senhor, não posso ser negligente com meus liderados, vendo o descaso sem tomar atitude alguma. Dá-me a sabedoria do Teu Espírito para, com Teu auxílio, resolver essa situação.

Escreva seus pedidos:

Quinta-feira
Em quais áreas seu caráter precisa ser trabalhado?

Tempo de oração

> *Senhor, dou-te total liberdade para transformar*
> *meu caráter e torná-lo igual ao Teu.*

Escreva seus pedidos:

Sexta-feira
Você está aberto a deixar o Espírito Santo remodelar você e seu negócio para que tenham o caráter dele?

Tempo de oração

> *Senhor, abro meu coração*
> *e te entrego o controle*
> *dos meus negócios para que*
> *Tu transformes o que for necessário.*

Escreva seus pedidos:

Aponte ações que pretenda colocar em prática imediatamente:

Semana 16

Caráter transformado

1 Samuel 12:1-5

Tempo da Palavra

4E responderam: "Você não nos explorou nem nos oprimiu. Você não tirou coisa alguma das mãos de ninguém".

Vivemos tempos difíceis atualmente! Notícias de corrupção saem nos jornais por toda parte.

Nossa tendência é achar que hoje é mais difícil que ontem, mas integridade é assunto da "ordem do dia", há milhares de anos. Isso porque integridade é algo que o pecado roubou de nós; a natureza do pecado nos fez corruptos, e não é uma questão de *se*, mas de *quando* pecaremos.

O que pode parecer perdido não precisa ser assim. Trabalhar a integridade é, antes de tudo, ser exemplo do que Jesus faria em seu lugar. Há quem possa pensar: *Mas, se eu não der propina, se eu não explorar, se eu não sonegar, não sobreviverei.* Essa é mais uma mentira que o diabo contou em que nós acreditamos e decidimos não confiar no nosso Deus para vencê-la.

Assim como Samuel, precisamos da aprovação de Deus e do povo quanto à nossa integridade, pois ela demonstra publicamente o nosso caráter transformado.

MEDITAÇÕES PARA A SEMANA

Segunda-feira
Você acredita que Deus tem o controle do seu negócio a ponto de não aceitar nada que seja contrário à Sua Palavra?

Tempo de oração

Senhor, é muito difícil ser íntegro 100% do tempo, mas eu desejo lutar contra a minha insegurança e depender somente de ti.

Escreva seus pedidos:

Terça-feira
O seu negócio é afetado, com frequência, por corrupção e propina?

Tempo de oração

Senhor, estou mais exposto do que outras pessoas aos negócios ilícitos, mas não quero me contaminar com eles. Livra-me!

Escreva seus pedidos:

Quarta-feira

Sua conduta diária, quando se relaciona com clientes e fornecedores, gera espaço para pensarem que você não é íntegro?

Tempo de oração

Senhor, quando eu falar ou agir, ajuda-me a transbordar integridade e não deixar dúvidas sobre os meus valores.

Escreva seus pedidos:

Quinta-feira

Olhando para trás, você está seguro de que as avaliações que receberá serão de que você é íntegro?

Tempo de oração

*Senhor, mesmo que eu tenha feito algo que não
seja íntegro, perdoa-me e cura essa área da minha vida.*

Escreva seus pedidos:

Sexta-feira

Você acredita que esse tema é um problema seu e que Deus
não tem que se envolver nesses assuntos?

Tempo de oração

*Senhor, não permitas que a minha mente me
engane. Peço-te que estejas em todas as áreas do
meu negócio e da minha vida.*

Escreva seus pedidos:

Aponte ações que pretenda colocar em prática imediatamente:

Semana 17

Integridade no trabalho

Lucas 19:1-10

Tempo da Palavra

[8]Mas Zaqueu levantou-se e disse ao Senhor: "Olha, Senhor! Estou dando a metade dos meus bens aos pobres; e se de alguém extorqui alguma coisa, devolverei quatro vezes mais".

Integridade é reflexo da salvação abundante de Cristo na vida de uma pessoa, mas é verdade que encontraremos pessoas íntegras no trato das finanças em muitos lugares. Diferentemente de Zaqueu, talvez você seja íntegro na esfera financeira, então precisa ensinar a sua equipe sobre este valor do reino de Deus e da sua empresa. Por outro lado, podemos não ser tão íntegros em outras áreas da nossa vida e, isso nos afasta do que Deus planejou para nós, incluindo a salvação abundante de Jesus Cristo.

Como líderes, pastoreando nossas equipes e nossa empresa, precisamos trabalhar o valor da integridade. Devemos ensinar que não vale a pena riqueza alguma adquirida por extorsão ou corrupção, que não vale tudo para conquistar contratos e posições, que não vale a pena negociar com o pecado. Tudo isso pode nos levar a passar a eternidade sem Jesus, que é maldição eterna; mas, com Jesus e seus valores, viveremos de forma íntegra, abençoada e próspera.

MEDITAÇÕES PARA A SEMANA

Segunda-feira

O dinheiro domina a sua vida e você não consegue ser feliz sem ele?

Tempo de oração

Senhor, abre a minha mente e coração
para que eu possa entender como
devo agir em relação aos recursos financeiros,
sob a liderança do Espírito Santo.

Terça-feira

Você acha que a integridade serve para os outros, mas não para você?

Tempo de oração

Senhor, ajuda-me a perceber meus hábitos,
comportamento e ações
para que eu mude o que não te agrada.

Escreva seus pedidos:

Quarta-feira
Como Zaqueu, você estaria disposto a restituir algo que você tirou de alguém?

Tempo de oração

Senhor, traz à minha mente todas as ações
que eu tenha realizado que defraudaram
ou furtaram alguém. Perdoa-me e capacita-me
a reparar cada dano que causei.

Escreva seus pedidos:

Quinta-feira
Sua integridade é diretamente proporcional ao sofrimento que você não quer passar?

Tempo de oração

*Senhor, preciso de travas e proteções que
me ajudem a não cair nas armadilhas da boa vida
ou do conforto empresarial.*

Escreva seus pedidos:

_____
_____

_____

Sexta-feira

Baseado em quais comportamentos você pode dizer que é um
empresário íntegro?

_____

_____

Tempo de oração

*Senhor, coloca em evidência o caráter de Cristo em mim e
traz à minha memória comportamentos que preciso mudar.*

Escreva seus pedidos:

_____
_____

_____

Aponte ações que pretenda colocar em prática imediatamente:

_____
_____

_____

Semana 18

Valores divinos são a base de tudo

Salmo 15:1-5

Tempo da Palavra

⁵Quem assim procede nunca será abalado!

Nesta passagem, o salmista está interessado em saber de Deus quem habitaria com Ele no santuário, local de adoração máxima, da eternidade com Deus; então, faz esta pergunta, ao que Deus responde, para que seja registrado e, por gerações, seja visto que os valores são inegociáveis para Deus.

Então Deus começa dizendo ao seu servo que integridade na conduta importa, assim como praticar justiça, falar a verdade, não fofocar, não falar mal do próximo e não caluniar ninguém. Exorta-o também a valorizar o temor do Senhor mais do que o sucesso e a aparência, manter a palavra dada mesmo que ele saia perdendo, não tirar proveito financeiro exagerado dos que dependem dele e não aceitar suborno para prejudicar os outros de maneira nenhuma. A descoberta do salmista, que também deve ser a nossa, é que ninguém, ninguém mesmo, pode abalá-lo ou prejudicá-lo se você proceder dessa forma e mantiver firme esses e outros valores do Reino em sua vida e na sua empresa.

MEDITAÇÕES PARA A SEMANA

Segunda-feira

Quais são os valores mais importantes da sua empresa?

_____

_____

_____

Tempo de oração

Senhor, inspira o meu coração a
escolher de forma consciente os valores
que nortearão os meus negócios.

Escreva seus pedidos:

_____

_____

_____

_____

Terça-feira

Os valores que você pratica na sua empresa são baseados na Palavra de Deus ou nos padrões do mercado?

_____

_____

_____

Tempo de oração

*Senhor, mesmo que eu me inspire em outras
empresas, não permitas que eu deixe
os valores deste mundo me dominarem.*

Escreva seus pedidos:

Quarta-feira

Assim como o salmista, você está interessado em observar os
valores do Reino sendo praticados nos seus negócios?

Tempo de oração

*Senhor, que os bons valores que
proclamamos em nossa empresa sejam
praticados por mim e por todos.*

Escreva seus pedidos:

Quinta-feira

Ganhos e sucessos são mais importantes que os valores do Reino em seus negócios?

_____

_____

Tempo de oração

Senhor, não há sucesso que valha mais
do que saber que estou alinhado com os Teus valores.

Escreva seus pedidos:

_____

_____

_____

_____

Sexta-feira

Você confia que Deus é o maior interessado na prática dos valores da Sua Palavra no mundo dos negócios?

_____

_____

_____

Tempo de oração

Senhor, preciso confiar e descansar em ti, pois,
antes de mim, Tu és o maior interessado em que
coloquemos em prática os valores do Teu reino.

Escreva seus pedidos:

Aponte ações que pretenda colocar em prática imediatamente:

Semana 19

Cultive valores eternos

Mateus 5:1-12

Tempo da Palavra

[11]*Bem-aventurados serão vocês quando, por minha causa, os insultarem, perseguirem e levantarem todo tipo de calúnia contra vocês.* [12]*Alegrem-se e regozijem-se, porque grande é a recompensa de vocês nos céus, pois da mesma forma perseguiram os profetas que viveram antes de vocês.*

Os empreendedores, empresários ou profissionais liberais querem ser bem-sucedidos (por motivos certos ou errados), e a maioria crê que o sucesso financeiro é a marca visível de se ter atingido esse alvo.

As bem-aventuranças que Jesus pregou nos levam a ver outras formas de sucesso baseadas em valores mais altos. A primeira começa com o valor de ser pobre de espírito, e essa lista maravilhosa continua: chorar, ser humilde, ter fome e sede de justiça, ser misericordioso, puro de coração, ser um pacificador, ser perseguido por ser justo, e encerra com o ápice: ser insultado, perseguido e caluniado. Essa poderia ser uma lista de valores pendurada na parede de nossas empresas, mas ela não é muito popular na lista de valores usados nos ambientes empresariais.

Por Jesus, contudo, vale a pena tentar.

MEDITAÇÕES PARA A SEMANA:

Segunda-feira

Você considera melhor ser bem-aventurado ou bem-sucedido?

Tempo de oração

*Senhor, que os meus negócios sejam
bem-aventurados e, se possível,
bem-sucedidos também.*

Escreva seus pedidos:

Terça-feira

O que é para sua empresa o padrão de sucesso? Seus colaboradores conseguem ver e temer Jesus?

Tempo de oração

Senhor, tenho dificuldade de ver sucesso, ao andar com as bem-aventuranças. Abre os meus olhos para que eu compreenda isso.

Escreva seus pedidos:

Quarta-feira

Seus colaboradores conseguem ver e temer Jesus nos valores da sua empresa, disseminados entre eles?

Tempo de oração

Senhor, que o temor ao Senhor seja a fonte de toda sabedoria para praticar os valores do Reino, expressos nas bem-aventuranças.

Escreva seus pedidos:

Quinta-feira

Para cumprir um valor do Reino, expresso na Palavra de Deus, você renunciaria a um sucesso momentâneo?

_____

_____

Tempo de oração

Senhor, capacita-me a ser bem-sucedido
aos Teus olhos, pois eu sei que Tu sempre tens o
melhor para mim.

Escreva seus pedidos:

_____

_____

_____

Sexta-feira

Até que ponto você estaria disposto a ir, na esfera de valores, para obedecer ao Senhor Jesus em sua empresa?

_____

_____

_____

Tempo de oração

Senhor, preciso da Tua ousadia em mim
para aplicar, na íntegra, os valores da Tua Palavra
nos meus negócios.

Escreva seus pedidos:

Aponte ações que pretenda colocar em prática imediatamente:

Semana 20

Estabeleça compromissos

Romanos 12:1-5

Tempo da Palavra

¹Portanto, irmãos, rogo-lhes pelas misericórdias de Deus que se ofereçam em sacrifício vivo, santo e agradável a Deus.

Compromissos são tão comuns na vida empresarial que chegamos a tratá-los como coisas comuns e até banais. Quando Deus nos chama e nos vocaciona para o mundo dos negócios, para conduzirmos a empresa como uma empresa do Reino, esse não é um compromisso banal, tampouco simples. Há uma exigência, um compromisso profundo, movido à oração e súplica, pois encontraremos oposição sim; não tenha medo dela, mas não a despreze. O compromisso de entregar ao Senhor nossas empresas e cada colaborador, fornecedor, parceiro e todos que se relacionam conosco para que Jesus opere na vida deles está baseado no compromisso que assumiremos com Ele de que nossa vocação e chamado será cumprido, não ao acaso, mas com um propósito bem estabelecido, com atitude e na dependência do Senhor. Assim como Paulo, eu rogo a você, meu irmão empresário e profissional liberal, que, pelas misericórdias do Senhor, honre o compromisso de cumprir o seu chamado.

MEDITAÇÕES PARA A SEMANA

Segunda-feira

Por que você se tornou empresário: para ter um status ou para ter a chance de cumprir seu chamado, sua vocação?

_____

_____

Tempo de oração

Senhor, dá-me clareza de que estou no lugar que Tu desejas que eu esteja: no centro da Tua vontade para cumprir a vocação que recebi de ti.

Escreva seus pedidos:

_____

_____

_____

_____

Terça-feira

Você tem um compromisso com Deus para os seus negócios ou eles são apenas o seu "ganha-pão"?

_____

_____

_____

Tempo de oração

Senhor, coloca em mim um entendimento amplo
do chamado que recebi e do compromisso
que devo ter contigo e com ele.

Escreva seus pedidos:

Quarta-feira

Compromissos são o fundamento do seu negócio? Você cumpre aquilo com o que se compromete?

Tempo de oração

Senhor, não permitas que eu
assuma compromissos que não posso cumprir,
para que o meu nome e o Teu nome
não sejam desonrados.

Escreva seus pedidos:

Quinta-feira

Paulo nos convoca a oferecer um sacrifício vivo para honrar o compromisso assumido com Jesus. Você está disposto?

Tempo de oração

Senhor, sei que não preciso ir para a cruz
para honrar meus compromissos,
então me capacita a agir de forma honrada.

Escreva seus pedidos:

Sexta-feira

Seus compromissos com as pessoas envolvidas nos negócios são levados tão a sério que você daria tudo para honrá-los?

Tempo de oração

Senhor, preciso honrar os
compromissos assumidos. Se isso estiver
fora do meu alcance, capacita-me a
renegociá-los de forma digna e honesta.

Escreva seus pedidos:

Aponte ações que pretenda colocar em prática imediatamente:

Semana 21

Vida de autodisciplina

1 Coríntios 9:23-27

Tempo da Palavra

²³*Faço tudo isso por causa do evangelho, para ser copartici-pante dele.*

²⁵*Todos os que competem nos jogos se submetem a um treina-mento rigoroso, para obter uma coroa que logo perece; mas nós o fazemos para ganhar uma coroa que dura para sempre.*

Se tem alguém a quem podemos imitar do tema da disciplina, este alguém é Jesus, mas, talvez assim como eu, você tenha pensado em Paulo. É verdade que Paulo é um exemplo, mas Jesus é o modelo. Queremos e podemos olhar para muitos exemplos, mas quero focar em Jesus. Como Paulo sugere, não devemos nos amoldar ao padrão deste mundo (Rm 12:2), então nos moldemos ao Modelo da disciplina. Sua empresa precisa ser como Jesus, não como o mundo. Autodisciplina é uma prática boa, mas, se o molde da forma for errado, ela será moldada de um jeito errado e, para corrigir, terá que quebrar tantas coisas que a dor será quase insuportável. Por isso Jesus não desceu da cruz; Ele seguiu com disciplina os planos que Deus tinha para a humanidade. O que estamos sendo desafiados a seguir hoje, com disciplina, em nossas empresas?

MEDITAÇÕES PARA A SEMANA

Segunda-feira

Disciplina para você é algo bom ou ruim? Você olha para isso com bons olhos?

_____

_____

_____

Tempo de oração

Senhor, apesar da disciplina ser algo trabalhoso,
ensina-me a Tua disciplina para que
eu possa ser disciplinado nos negócios.

Escreva seus pedidos:

_____

_____

_____

_____

Terça-feira

Sua forma de disciplinar a sua equipe é saudável ou ela destrói o grupo?

_____

_____

Tempo de oração

Senhor, preciso aprender a aplicar a disciplina na minha equipe, assim como o Senhor a aplica em mim.

Escreva seus pedidos:

_____

_____

_____

Quarta-feira

Reflita: a autodisciplina é um exercício que atua como em um músculo, transformando-o a ponto de ele obedecer a todos os comandos.

_____

_____

_____

Tempo de oração

Senhor, eu sei que preciso treinar a disciplina a ponto de colocar meus desejos no lugar certo: debaixo da Tua vontade. Reconheço a necessidade que tenho de ti. Capacita-me!

Escreva seus pedidos:

_____

_____

_____

Quinta-feira

Você tem ajudado a sua equipe a entender as razões por que ser disciplinada e o quanto isso pode ser bom?

Tempo de oração

*Senhor, quero ser um exemplo para
a minha equipe de como
a disciplina pode nos ajudar a fazer
melhor o que fazemos.*

Escreva seus pedidos:

Sexta-feira

Você seria capaz de, assim como Jesus, seguir até o fim, disciplinadamente, o chamado e a vocação que Deus deu a você?

Tempo de oração

*Senhor, capacita-me com disciplina
para cumprir o chamado e a vocação
que tens para mim.*

Escreva seus pedidos:

Aponte ações que pretenda colocar em prática imediatamente:

Semana 22

Aprendizagem como estilo de vida

João 21:11-19

Tempo da Palavra

15Depois de comerem, Jesus perguntou a Simão Pedro: "Simão, filho de João, você me ama realmente mais do que estes?". Disse ele: "Sim, Senhor, tu sabes que te amo".

Aprender é algo difícil se você tenta fazer isso sozinho. Lembro-me de Pedro negando por três vezes conhecer Jesus. Quando Pedro se recorda de que Jesus havia dito para ele, algumas horas antes, que ele teria essa atitude antes de o galo cantar, aquele som de cacarejo foi como uma espada entrando no seu coração. O arrependimento gerou aprendizado e foi por isso que, quando os discípulos avistaram Jesus, depois da Sua ressurreição, e João exclamou: "É o Senhor!" (Jo 21:8), Pedro, sendo Pedro, pulou no mar e foi ao encontro de Jesus! Ninguém pode negar que nossas organizações e nossas equipes precisam de aprendizagem diariamente, pois as redes vazias precisam ser lançadas do lado direito do barco, não onde havíamos lançado antes. Mas, para isso, é preciso ouvir a voz do líder, e só haverá chances de ouvi-la se houver comunhão entre líder e liderados. A equipe que aprendeu ouve a voz do seu líder e a segue. Sua empresa terá uma pesca maravilhosa se você lançar a rede no lugar que o Mestre mandar. Aprenda a ouvir a Sua voz. Ore!

MEDITAÇÕES PARA A SEMANA

Segunda-feira

Você é uma pessoa que aprende rápido, ou que precisa apanhar da vida para isso?

_____

_____

Tempo de oração

Senhor, minha jornada de aprendizado é cheia de altos e baixos. Capacita-me a ouvir mais e aprender com mais facilidade.

Escreva seus pedidos:

_____

_____

_____

Terça-feira

Aprender requer que estejamos sempre prestando atenção a tudo; você é atento às coisas que acontecem ao seu redor?

_____

_____

Tempo de oração

Senhor, eu preciso da Tua intervenção
no meu dia a dia, pois não tenho sido capaz de
reconhecer as oportunidades ao meu redor.

Escreva seus pedidos:

Quarta-feira

Você prefere aprender sozinho ou coletivamente? Você está aberto a ser ensinado por outras pessoas, incluindo as mais simples?

Tempo de oração

Senhor, posso aprender com qualquer
pessoa disposta e preparada, mas
preciso da Tua ajuda para estar sempre atento
às oportunidades de negócios.

Escreva seus pedidos:

Quinta-feira

Você compartilha o que aprende com sua equipe ou acha que é cada integrante por si?

Tempo de oração

Senhor, quero ser generoso
com as pessoas que estão ao meu redor.
Capacita-me para isso.

Escreva seus pedidos:

Sexta-feira

Sua equipe gosta de aprender ou vive em uma bolha individual, sem colaboração entre os integrantes, transformando sua empresa em um local onde não se aprende?

Tempo de oração

Senhor, ajuda-me a ser exemplo
para a minha equipe de que colaborar
e aprender coletivamente é uma bênção.

Escreva seus pedidos:

Aponte ações que pretenda colocar em prática imediatamente:

Semana 23

Organize o seu aprendizado

Juízes 2:1-12

Tempo da Palavra

[1]*O Anjo do Senhor subiu de Gilgal a Boquim e disse: "Tirei vocês do Egito e os trouxe para a terra que prometi com juramento que daria a seus antepassados. Eu disse: Jamais quebrarei a minha aliança com vocês. [2]E vocês não farão acordo com o povo desta terra, mas demolirão os altares deles. Por que vocês não me obedeceram?".*

A desobediência é o calo da humanidade, desde a Queda. Esse pecado tem nos perseguido de geração em geração e penetrou em nossas empresas, pois, assim com as igrejas não são as paredes, as empresas não são os prédios e máquinas, mas as pessoas; elas são a força motriz de fato. Precisamos aprender uma nova cultura em que não sejamos insubmissos, mas colaborativos. Portanto, organize o processo de aprendizagem para que, de forma contínua, uma pessoa transmita à outra o conhecimento, gerando assim um ambiente de colaboração entre todos. A colaboração muda a cara das organizações, faz projetos andarem de forma mais acelerada, porém sem riscos adicionais, nos tornando mais competitivos em relação ao mercado e evitando divisões internas. Há uma bênção prometida; a terra era para os judeus assim como o mercado é para empreendedores. Há uma promessa, mas, para ser cumprida, precisamos transmitir o aprendizado de geração em geração, sistematicamente.

MEDITAÇÕES PARA A SEMANA

Segunda-feira
Sua empresa organiza o que aprender ao longo dos anos para que os novos colaboradores encontrem o aprendizado?

_____

_____

Tempo de oração

Senhor, ajuda-nos a sermos mais organizados para
que nossos colaboradores sempre tenham
onde buscar as informações das quais necessitam.

Escreva seus pedidos:

_____

_____

_____

Terça-feira
Você faz reciclagem de conteúdos e de processos a fim de que não se percam ao longo do tempo?

_____

_____

Tempo de oração

*Senhor, manter a cultura, os valores e
o que aprendemos e desenvolvemos é um exercício
que não posso deixar de fazer na empresa.*

Escreva seus pedidos:

Quarta-feira

Uma empresa colaborativa aprende e organiza esses novos aprendizados com mais facilidade. Sua empresa é colaborativa?

Tempo de oração

*Senhor, precisamos de mais colaboração
entre nós. Somos muito individualistas e esquecemos
que a colaboração nos levará mais longe.*

Escreva seus pedidos:

Quinta-feira

A sua liderança gera um ambiente de confiança, em que a colaboração é a natural?

Tempo de oração

*Senhor, não tenho sido um bom exemplo
de líder colaborador e, por isso, minha empresa
não aprende como poderia. Muda em mim
o que precisa ser mudado de forma que colabore
em tudo que eu colocar as mãos.*

Escreva seus pedidos:

Sexta-feira

A próxima geração, seja ela composta pelos sucessores ou novos colaboradores, encontrará um ambiente colaborativo onde aprender é importante?

Tempo de oração

*Senhor, preciso trabalhar para tornar a minha
empresa um ambiente favorável ao aprendizado,
preciso da Tua capacitação para fazer isso.*

Escreva seus pedidos:

Aponte ações que pretenda colocar em prática imediatamente:

Semana 24

Propósito e paixão

Filipenses 3:1-11

Tempo da Palavra

[10]*Quero conhecer Cristo, o poder da sua ressurreição e a participação em seus sofrimentos, tornando-me como ele em sua morte* [11]*para, de alguma forma, alcançar a ressurreição dentre os mortos.*

Nos dias de hoje, propósito e paixão voltaram à moda. Temos uma geração chegando às nossas empresas movida por propósitos e, se não encontram algum dos propósitos lá, sua paixão acaba, como em um namoro que hoje há paixão, e amanhã não é mais. A consequência é que perdemos este colaborador para outra empresa cujo propósito se alinha com o dele. Isso é bom ou ruim? Eu acho que é bom.

Em tempos passados, nossos pais e avós trabalharam por anos seguidos nas mesmas empresas, alguns até se aposentar. Não é mais assim, e parece que não será mais. Sua empresa precisará definir e colocar em prática um propósito para ela. Se ele não estiver claro e bem difundido e com uma gestão coerente, você não conseguirá montar uma equipe com pessoas como Paulo, que, ao descobrir a verdade do evangelho, o poder de Jesus e o propósito do seu ministério, se apaixonou de tal forma que entregou tudo por este empreendimento: a expansão dos "negócios" do reino de Deus na Terra.

MEDITAÇÕES PARA A SEMANA

Segunda-feira
Você sabe o que é propósito? Se sim, sua empresa tem um que esteja claro e bem divulgado?

_____

_____

Tempo de oração

Senhor, o propósito da minha empresa está claro para mim, porém não foi divulgado para a minha equipe. Portanto, dá-me sabedoria para transmiti-lo.

Escreva seus pedidos:

_____

_____

_____

_____

Terça-feira
Você e sua equipe são apaixonados pelo negócio que conduzem?

_____

_____

_____

_____

Tempo de oração

Senhor, coloca paixão em cada integrante
da minha equipe, para que consigamos contagiar
toda a empresa, clientes e fornecedores e,
assim, eles saberem por quem somos apaixonados.

Escreva seus pedidos:

Quarta-feira

Você é apaixonado pela sua vocação e pelo chamado que recebeu de Deus para o mundo do trabalho?

Tempo de oração

Senhor, ainda não compreendo bem
os Teus propósitos para mim, mas quero
entender o Teu chamado para
minha vida e cumprir a minha vocação.

Escreva seus pedidos:

Quinta-feira

Sua organização comunica com paixão o propósito que ela tem?

_____

_____

Tempo de oração

Senhor, ajuda-me a ter uma estratégia
apaixonante para comunicar o
propósito da nossa empresa: servir ao Senhor
e avançar com os valores do Reino.

Escreva seus pedidos:

_____

_____

_____

_____

Sexta-feira

Seu propósito empresarial está alinhado aos propósitos do reino de Deus ou está em conflito de interesses com ele?

_____

_____

_____

Tempo de oração

Senhor, quero estar
totalmente alinhado com
os Teus propósitos.

Escreva seus pedidos:

Aponte ações que pretenda colocar em prática imediatamente:

Semana 25

Seja humilde

Filipenses 2:1-11

Tempo da Palavra

⁵Seja a atitude de vocês a mesma de Cristo Jesus, ⁶que, embora sendo Deus, não considerou que o ser igual a Deus era algo a que devia apegar-se; ⁷mas esvaziou-se a si mesmo, vindo a ser servo, tornando-se semelhante aos homens.

N a vida empresarial, somos induzidos a pensar que quanto mais em cima o nosso nome está no organograma, mais importantes somos, contudo, isso é um engano tão grande que pode produzir estragos irreparáveis. Veja o exemplo de Satanás, um anjo importante na "estrutura" celestial, mas, por orgulho e ganância, queria ser igual a Deus e ocupar o Seu trono. O resultado foi rebelião, divisão e condenação. Já Jesus, sendo igual a Deus, decide cumprir o plano da redenção se submetendo à "humilhação" de ser homem e sofrer a morte na cruz. Decisões diferentes, resultados diferentes. Apesar de, circunstancialmente, estarmos com o nome no quadradinho mais alto do organograma, fomos chamados à posição de humildade nas nossas empresas. Porém, não descuide; fazendo uma analogia, talvez você seja desafiado a "dar a vida" por sua equipe, e qual será sua decisão? Você será orgulhoso, ou terá humildade para servir à sua empresa e ao seu time (e sobretudo a Deus)?

MEDITAÇÕES PARA A SEMANA

Segunda-feira
Sua empresa é uma organização com hábito e comportamentos que demonstram humildade ou arrogância?

_____

_____

_____

Tempo de oração

Senhor, não queremos ser arrogantes;
cremos que a humildade nos levará aos lugares
que Tu planejastes para nós.

Escreva seus pedidos:

_____

_____

_____

_____

_____

Terça-feira
Você é uma pessoa humilde, ou arrogante?

_____

_____

_____

Tempo de oração

*Senhor, às vezes, sou arrogante, e isso
afeta a minha equipe, o que tem me deixado muito
triste. Preciso do Teu auxílio. Ensina-me a
ter uma postura de humildade em tudo que eu fizer.*

Escreva seus pedidos:

Quarta-feira
Sua equipe é uma equipe humilde, ou arrogante?

Tempo de oração

*Senhor, eu quero ser um líder humilde para,
no Teu Espírito, inspirar minha equipe.*

Escreva seus pedidos:

Quinta-feira
A arrogância tem atrapalhado sua empresa a crescer ou há uma
falsa humildade nos corredores dela?

Tempo de oração

Senhor, livra-nos da arrogância velada e aberta para que nossa empresa se torne um lugar cheio do Teu poder.

Escreva seus pedidos:

Sexta-feira

Você e sua equipe sabem a diferença entre humildade e falsa modéstia? Vocês discutem abertamente isso na organização?

Tempo de oração

Senhor, livra-me da vida de aparência que produz uma falsa modéstia, que é uma completa arrogância.

Escreva seus pedidos:

Aponte ações que pretenda colocar em prática imediatamente:

Semana 26

Sabedoria para os negócios

Provérbios 8:1-36

Tempo da Palavra

[10]Prefiram a minha instrução à prata, e o conhecimento ao ouro puro, [11]pois a sabedoria é mais preciosa do que rubis; nada do que vocês possam desejar compara-se a ela.

O texto faz uma descrição detalhada do que é sabedoria. Segundo a interpretação de alguns estudiosos, a sabedoria é uma forma de se referir a Jesus, o Verbo, a Palavra.

Como seguidores de Jesus, somos chamados a viver e praticar a sabedoria em nossos empreendimentos. Não é diferente do compromisso que Deus pediu de Salomão, ao pedir que ele governasse sobre Seu povo (Seus "negócios"); devemos desejar o mesmo hoje, para nossas empresas e nosso povo, os colaboradores, clientes, fornecedores e todos os que se relacionam conosco. Afinal, Salomão foi bem-sucedido em grande parte do que fez. Não é isso o que queremos: um sucesso baseado na sabedoria do Senhor, em Sua Palavra e na aplicação dela nos nossos negócios e com as nossas equipes?

MEDITAÇÕES PARA A SEMANA

Segunda-feira

Qual é a fonte de sabedoria da sua vida: os diplomas, as experiências ou a Palavra de Deus?

_____

_____

Tempo de oração

Senhor, que a Tua Palavra seja
fonte de inspiração para os meus negócios
acima do conhecimento que acredito ter.

Escreva seus pedidos:

_____

_____

_____

Terça-feira

Você influencia sua equipe a desejar sabedoria, tanto a dos conhecimentos e experiência quanto a que vem da Palavra de Deus?

_____

Tempo de oração

Senhor, capacita-me a demonstrar à minha equipe
que a Tua sabedoria deve liderar o
conhecimento adquirido e depurar nossas decisões.

Escreva seus pedidos:

Quarta-feira

Nos seus negócios, a sabedoria é percebida apenas pelos números de conquistas ou também por boas decisões?

Tempo de oração

*Senhor, sei que, no mundo dos negócios,
é importante ganhar, mas ajuda-me a renunciar
àquilo que não nos abençoa.*

Escreva seus pedidos:

Quinta-feira

Você tem bons conselheiros que o ajudam com sabedoria?

Tempo de oração

Senhor, preciso de conselheiros maduros, capazes e tementes a ti. Traz estas pessoas para perto de mim.

Escreva seus pedidos:

_____

_____

_____

Sexta-feira

Você clama por sabedoria e conselhos do Espírito Santo a cada decisão que toma ou Ele é deixado de lado?

_____

_____

Tempo de oração

Senhor, que o Teu Espírito seja o principal conselheiro na minha vida. Livra-me das decisões erradas que me afastam de ti.

Escreva seus pedidos:

_____

_____

_____

Aponte ações que pretenda colocar em prática imediatamente:

_____

_____

_____

Semana 27

Busque qualificação para liderar

1 Timóteo 3:1-7

Tempo da Palavra

¹Esta afirmação é digna de confiança: se alguém deseja ser bispo, deseja uma nobre função.

Paulo via todo o potencial que havia em Timóteo e, em cada oportunidade, ensinava-o a crescer nos aspectos da liderança. Paulo havia sido um grande conhecedor da Lei, criado aos pés de Gamaliel, como ele mesmo disse (At 22:3). Timóteo teve um excelente professor, o melhor que havia em sua região e época. O talento também é importante e pode determinar o estilo de liderança de um empreendedor, mas nada substitui a capacitação. No mundo empresarial, existem muitas técnicas de desenvolvimento, mas o CHA é a mais conhecida, formando as bases de cada competência necessária para liderar sua organização. O acrônimo significa: Conhecimento, Habilidade e Atitude. O conhecimento corresponde às nossas formações e aprendizados, escolas, leituras e cursos, enquanto a habilidade vem do fazer, ou seja, experiência acumulada por executar tarefas. Já a atitude é o que trazemos da nossa vida, das histórias, da família. Está impregnado da nossa personalidade. Invista no desenvolvimento das três áreas de forma equilibrada, pois apenas muito conhecimento e habilidade não superam uma péssima atitude, e estar com Jesus Cristo pode nos transformar.

MEDITAÇÕES PARA A SEMANA:

Segunda-feira

Você investe no seu desenvolvimento de forma completa, ou seja, na transformação das suas atitudes na mesma proporção que no conhecimento?

_____

_____

Tempo de oração

Senhor, preciso melhorar minhas atitudes,
pois elas têm atrapalhado minha liderança e não
consigo me conectar com minha equipe!

Escreva seus pedidos:

_____

_____

_____

Terça-feira

Seus liderados são incentivados e recebem apoio para ter um CHA equilibrado?

_____

_____

Tempo de oração

Senhor, preciso aprender a liderar, então me ajuda a desenvolver minha equipe de forma mais ampla.

Escreva seus pedidos:

_____

_____

_____

_____

Quarta-feira

Você acredita que investir em qualificação é um bom investimento a ponto de abdicar de algumas retiradas para investir na equipe?

_____

_____

_____

Tempo de oração

*Senhor, sem uma equipe qualificada,
seremos piores no
gerenciamento das pessoas e dos negócios.
Por amor a ti, disponho-me
a investir em meus colaboradores.*

Escreva seus pedidos:

_____

_____

_____

_____

Quinta-feira

Quanto tempo da semana você dedica ao desenvolvimento da sua equipe no intuito de tornar seus integrantes comprometidos e engajados?

Tempo de oração

Senhor, preciso organizar minha agenda para passar mais tempo com a minha equipe e ser exemplo e modelo para ela.

Escreva seus pedidos:

Sexta-feira

Quanto tempo você dedica buscando no Senhor sabedoria para liderar sua equipe e melhorar a gestão do seu negócio?

Tempo de oração

Senhor, por melhor que eu seja no que eu faço, não posso viver e conduzir os negócios sem a Tua direção.

Escreva seus pedidos:

Aponte ações que pretenda colocar em prática imediatamente:

Semana 28

Liderança servidora

João 13:1-17

Tempo da Palavra

⁵Depois disso, derramou água numa bacia e começou a lavar os pés dos seus discípulos, enxugando-os com a toalha que estava em sua cintura.

¹³Vocês me chamam 'Mestre' e 'Senhor', e com razão, pois eu o sou.

¹⁵Eu lhes dei o exemplo, para que vocês façam como lhes fiz.

Liderança servidora é uma competência, e não uma característica. As competências são alcançadas pelo desenvolvimento do CHA, conhecimento, habilidade e atitudes. Jesus conhecia Sua tarefa de sofrer a morte de cruz, pois havia recebido este conhecimento do Pai, e nós também precisamos de conhecimento para liderar nosso grupo de discípulos em nossas empresas, precisamos saber para onde vamos, pois quem não sabe para onde ir não saberá se mover. Jesus também teve que mostrar habilidade ao lavar os pés dos discípulos, pois precisava ser o modelo de como fazemos as coisas no reino de Deus, que não é pela nossa própria força. Por exemplo: talvez nós teríamos demitido Judas, mas a missão precisava ser consumada.

Apenas com muita habilidade poderemos contornar as aparentes objeções do caminho. Por fim, o líder servidor precisa ter uma atitude incrível: conviver com as adversidades para chegar ao alvo estabelecido, cumprir sua missão e entregar o resultado, mesmo que isso custe "a sua própria vida".

MEDITAÇÕES PARA A SEMANA

Segunda-feira
Sua liderança é servidora ou autoritária?

_____

_____

Tempo de oração

> *Senhor, preciso ser alertado por pessoas*
> *e pelo Espírito Santo quando estiver*
> *agindo de forma errada.*

Escreva seus pedidos:

_____

_____

_____

_____

Terça-feira
Seus liderados são servos ou autoritários com sua equipe?

_____

_____

_____

Tempo de oração

Senhor, minha equipe reflete os comportamentos
que eu tenho, então me ajuda a
ser um exemplo para os integrantes dela.

Escreva seus pedidos:

_____

_____

_____

_____

Quarta-feira

Se o papel principal do líder é fazer coisas extraordinárias com a equipe que tem, seja ele simples ou muito bem-preparado, sua liderança tem alcançado esse objetivo?

_____

_____

Tempo de oração

Senhor, tenho certeza de que minha equipe
pode fazer coisas extraordinárias,
mas eu preciso liderá-la com sabedoria
do Céu, além das que já aplico.

Escreva seus pedidos:

_____

_____

_____

_____

Quinta-feira

Que ferramentas você tem usado para liderar e servir a equipe e a empresa?

_____

_____

_____

_____

Tempo de oração

Senhor, existem muitas ferramentas
que ajudam a liderar pessoas. Tomarei a iniciativa
de buscar melhorar as que eu uso e
peço que estejas comigo me dando a direção.

Escreva seus pedidos:

_____

_____

_____

_____

Sexta-feira

Quem são os modelos de líderes e servos que você tem usado como referência em sua vida? Eles se parecem com Jesus?

_____

_____

_____

_____

_____

_____

Tempo de oração

Senhor, preciso de modelos de conselheiros,
mas, em primeiro lugar, capacita-me
a ser como Jesus e amar a minha equipe.

Escreva seus pedidos:

Aponte ações que pretenda colocar em prática imediatamente:

Semana 29

Relacionamento interpessoal

Oseias 2:1-23

Tempo da Palavra

¹Chamem a seus irmãos 'meu povo', e a suas irmãs 'minhas amadas'.

Na vida corporativa, há uma expectativa implícita de que as pessoas não sejam tão íntimas, mas a minha opinião é diferente. Eu creio fortemente que as pessoas precisam de um relacionamento saudável, próximo e comprometido umas com as outras, em todos os lugares, incluindo o trabalho. Não estou afirmando aqui que todas as pessoas frequentarão as casas umas das outras, mas sim que precisamos nos importar uns com os outros, a ponto de haver um sincero engajamento no bem-estar mútuo. O ambiente de trabalho tem a demanda quanto à produtividade, à entrega e aos compromissos assumidos, mas não precisa ser utilitarista, com uma relação quase promíscua em que um usa o outro para chegar a algum lugar ou para cumprir suas metas e obrigações. Podemos e devemos buscar uma relação de colaboração e de cumplicidade, uma forma saudável de nos comprometermos uns com os outros, assim como o profeta relata que Deus esperava viver com o Seu povo — não com traição e prostituição, mas em uma relação saudável de cumplicidade, colaboração e entregas.

MEDITAÇÕES PARA A SEMANA

Segunda-feira
Você lidera pessoas ou se relaciona com elas?

Tempo de oração

Senhor, sonda o meu coração
e me mostra o quanto estou promovendo
relacionamentos saudáveis.

Escreva seus pedidos:

Terça-feira
Será que a máxima de não misturar coisas pessoais com trabalho é uma boa decisão e promove um bom ambiente de trabalho?

Tempo de oração

Senhor, amamos as pessoas mais do que as coisas, então nos ajuda a abrir espaço para conhecermos melhor os integrantes das nossas equipes.

Escreva seus pedidos:

Quarta-feira

Em seus negócios, as pessoas estão sendo estimuladas a se preocuparem umas com as outras ou existem apenas relações utilitaristas?

Tempo de oração

Senhor, não queremos ser usados ou usar as pessoas como coisas, queremos uma relação de compromisso, colaboração e cumplicidade entre nós.

Escreva seus pedidos:

Quinta-feira

As pessoas são o centro dos seus negócios ou elas não importam, apenas o resultado que elas produzem?

Tempo de oração

Senhor, resultados importam muito,
mas pessoas importam muito mais.
Ajuda-nos a valorizá-las.

Escreva seus pedidos:

Sexta-feira

Há espaço cotidiano para diálogos profundos na sua empresa ou a rotina consome todo o tempo?

Tempo de oração

Senhor, nossa rotina não pode
comprometer nossos relacionamentos.
Queremos ser uma empresa
relacional, que proporciona bons momentos
de amizade e que busca resultados.

Escreva seus pedidos:

Aponte ações que pretenda colocar em prática imediatamente:

Semana 30

Seja imparcial

Mateus 20:20-28

Tempo da Palavra

[26]*Não será assim entre vocês. Pelo contrário, quem quiser tornar-se importante entre vocês deverá ser servo, [27]e quem quiser ser o primeiro deverá ser escravo.*

Desde o jardim de infância até o ensino fundamental, é comum vermos pais e mães exigindo, nas escolas ou nas atividades complementares, que seus filhos sejam tratados de forma diferenciada, sem se preocuparem com o que isso causará no grupo. Na vida empresarial, muitas vezes nós, os líderes, é que fazemos esse mesmo papel e colocamos tudo a perder. Escolhemos pessoas para privilegiar que, frequentemente, não são as que mereciam receber os benefícios concedidos. Em geral, as consequências são péssimas, porque geramos um clima de insatisfação, baixo desenvolvimento e, o mais destruidor de todos, um clima de acomodação, pois, nessa empresa, só os bajuladores ou parentes são reconhecidos e valorizados. Isso acaba resultando ainda em baixa produtividade, intrigas e falta de foco no que é importante. Assim, nunca, nunca mesmo, conseguiremos ter uma equipe forte, capaz de nos ajudar a levar os negócios ao seu potencial máximo.

MEDITAÇÕES PARA A SEMANA.

Segunda-feira

Na sua empresa, existe favoritismo ou as pessoas são tratadas igualmente?

_____

_____

_____

Tempo de oração

Senhor, não me deixes cair na armadilha
da proteção ou privilégio
de um ou outro em detrimento de todos.

Escreva seus pedidos:

_____

_____

_____

_____

Terça-feira

Há um ambiente favorável à competição saudável que produz desenvolvimento?

_____

_____

_____

Tempo de oração

Senhor, quero construir um ambiente propício ao desenvolvimento e, mesmo que haja alguma competição, que eu não aceite deslealdade.

Escreva seus pedidos:

Quarta-feira

Você identifica, na sua equipe, uma ou mais pessoas que agem com deslealdade e que são capazes de qualquer coisa para crescer?

Tempo de oração

Senhor, que os meus olhos e ouvidos estejam atentos para perceber a conduta das pessoas, evitando que elas destruam umas as outras.

Escreva seus pedidos:

Quinta-feira

O que você tem feito para estimular os relacionamentos na empresa e gerar um ambiente agradável e de crescimento?

_____

_____

Tempo de oração

Senhor, quero conhecer os anseios da minha equipe, pois, assim, poderei ajudar meus liderados a entenderem como chegar aonde almejam.

Escreva seus pedidos:

_____

_____

_____

Sexta-feira

Você promove um bom relacionamento entre sua empresa e os concorrentes e clientes ou permite que se instale um ambiente de guerra interminável?

_____

_____

Tempo de oração

Senhor, é mais fácil crescer em um ambiente de paz e bom relacionamento, mas preciso de ti para contribuir para que seja assim, pois a minha tendência é de competir.

Escreva seus pedidos:

Aponte ações que pretenda colocar em prática imediatamente:

Semana 31

Capacidade de se comunicar

Provérbios 18:13

Tempo da Palavra

[13]Quem responde antes de ouvir, comete insensatez e passa vergonha.

O mais incrível dos provérbios é a capacidade de comunicar uma verdade prática e literal, de forma simples e direta, em apenas um versículo. Muitos de nós somos prolixos nas nossas exposições, pois acreditamos, mesmo inconscientemente, que, se explicarmos mais, se falarmos mais, nossa equipe entenderá melhor. A comunicação, por sua vez, é uma arte e um dos maiores desafios da humanidade. Há técnicas, professores, métodos que ensinam como nos comunicarmos melhor, e ainda assim, a comunicação continua sendo apontada como o que mais necessita de melhoria nas organizações.

Sua organização precisa desenvolver uma forma própria de comunicação que retire os obstáculos entre as pessoas, e eu garanto que o começo de tudo é desenvolver a capacidade (habilidade) de ouvir o que o outro quer dizer, isto é, a escuta ativa, aquela com interesse no outro tem a dizer, e não no que eu quero ouvir. Essa estratégia tem se mostrado um bom caminho para atingir uma comunicação mais eficaz nas equipes.

MEDITAÇÕES PARA A SEMANA

Segunda-feira

Comunicação é um problema na sua organização ou isso já foi resolvido?

_____

_____

Tempo de oração

Senhor, não permitas que eu oriente mal
ou até engane minha equipe. Faze com que
minha comunicação cumpra o objetivo
de ser conforme a Tua boa, agradável e perfeita.

Escreva seus pedidos:

_____

_____

_____

_____

Terça-feira

Você se preocupa em garantir que sua equipe entenda o que você quer comunicar?

_____

_____

Tempo de oração

*Senhor, desejo de todo o meu coração que minha
equipe compreenda com clareza o que penso
e digo. Coloca as palavras certas nos meus lábios.*

Escreva seus pedidos:

Quarta-feira

Quando algo dá errado, de quem é a responsabilidade ime-
diata: de quem executou ou de quem comunicou a tarefa?

Tempo de oração

*Senhor, preciso de resultados, mas
minha equipe não entende o que eu digo.
Ajuda-me a avaliar junto com ela
o porquê de não estarmos nos entendendo.*

Escreva seus pedidos:

Quinta-feira

Há respeito durante a comunicação, de tal forma que, se alguém não entende o que estamos falando, ele se sente seguro em perguntar?

Tempo de oração

Senhor, dá-nos um ambiente de confiança
onde ninguém tenha medo de perguntar algo
a fim de entender as demandas.

Escreva seus pedidos:

Sexta-feira

Todos os líderes entendem o seu papel de criar um ambiente favorável à comunicação e colaboração?

Tempo de oração

Senhor, capacita-me a ser um modelo
para os meus liderados.
Que eles possam ver em mim
o Teu querer em ação.

Escreva seus pedidos:

Aponte ações que pretenda colocar em prática imediatamente:

Semana 32

Comunicação efetiva

Mateus 28:16-20

Tempo da Palavra

18Então, Jesus aproximou-se deles e disse: "Foi-me dada toda a autoridade no céu e na terra. 19Portanto, vão e façam discípulos de todas as nações, batizando-os em nome do Pai e do Filho e do Espírito Santo".

Você deve saber o desafio que é comunicar com efetividade, e eu tenho certeza de que Jesus também sabia. Durante Seu ministério, Ele frequentemente usava parábolas para ilustrar profundas verdades divinas. Assim, pessoas simples ou doutas seriam capazes de entender mais facilmente o que Ele queria dizer. No fim de Sua vida terrena, após vencer a morte e ressuscitar, em seu último discurso antes de voltar para o Pai, Ele nos encarrega da missão de fazermos como Ele, na dependência do Espírito Santo: "...vão e façam discípulos de todas as nações, batizando e ensinando aguardar, na autoridade do Pai, do Filho e do Espírito Santo" (Mt 28:19). Seus 33 anos de vida, sendo os últimos três dedicados ao ministério, foram resumidos no último sermão, comunicado com muita efetividade, clareza e simplicidade. Se você não está comunicando as coisas importantes para sua empresa e líderes com a mesma clareza, precisa aprender com Jesus e pedir ajuda ao Espírito Santo, para conseguir comunicar da maneira certa, pois, sem uma comunicação clara, objetiva e efetiva, não avançaremos.

MEDITAÇÕES PARA A SEMANA

Segunda-feira

Você se considera um comunicador que consegue transmitir com clareza e de forma efetiva?

_____

_____

Tempo de oração

Senhor, que Teu Espírito me capacite
para falar e comunicar com a máxima eficácia
tudo o que minha equipe precisa saber.

Escreva seus pedidos:

_____

_____

_____

Terça-feira

Sua equipe confirmaria que você é um comunicador eficaz, ou ela não tem espaço para dizer que não entende as suas mensagens?

_____

_____

_____

Tempo de oração

Senhor, ensina-me a não apenas falar,
mas sim saber se o outro entende a mensagem
e consegue colocar em prática
tudo o que é necessário para que aquilo se cumpra.

Escreva seus pedidos:

Quarta-feira

Quando alguém não entende algo que você diz, o problema está nele ou em você?

Tempo de oração

Senhor, coloca em nós um senso da urgência
da comunicação efetiva e a responsabilidade
com a clareza de nossas mensagens.
Que tenhamos gentileza nas palavras sem
comprometer o que precisa ser dito.

Escreva seus pedidos:

Quinta-feira

Você e sua equipe prezam pela boa comunicação?

Tempo de oração

*Senhor, ajuda-nos a valorizar
a comunicação de forma eficaz,
como Jesus fez conosco.*

Escreva seus pedidos:

Sexta-feira

Você está disposto a investir tempo e recursos para melhorar sua comunicação e da empresa?

Tempo de oração

*Senhor, queremos dedicar
tempo e recursos para melhorar nossa
capacidade de comunicação
e transformar nossa empresa
em um lugar melhor.*

Escreva seus pedidos:

Aponte ações que pretenda colocar em prática imediatamente:

Semana 33

Mudanças e inovações

Marcos 2:18-22

Tempo da Palavra
[20]Mas virão dias quando o noivo lhes será tirado; e nesse tempo jejuarão.

Desde que o pecado entrou no mundo, nossa capacidade de inovar foi prejudicada. Para entendermos mudanças e a necessidade de inovar em nossas organizações, precisaremos de algum empurrão. Desde os tempos de Jesus e até antes, a humanidade tende a dar solução de remendo e reparo para problemas antigos. Observe que Jesus, ao ser questionado sobre os atos dos colaboradores de outros líderes, precisa explicar algo que parece simples, mas pela nossa visão estar comprometida pelo pecado, não enxergamos bem. Jesus começa dizendo: "Não compare a forma de trabalhar dos outros com a minha" (ver Marcos 2:18-20) e segue dizendo: "Não conserte coisas velhas com peças novas, porque quebrarão novamente no local dos remendos" (vv.21-22). Ele nos ensina que podemos mudar a prática e sonhar com mudanças na forma de fazer e que devemos pensar de um jeito novo, abrindo a mente para que as novas ideias recebam um novo tratamento, sejam armazenadas em uma estrutura que pensa novo, se comporta de uma nova forma é que será capaz de suportar as pressões que as mudanças exigem.

MEDITAÇÕES PARA A SEMANA

Segunda-feira

Você é aberto a mudanças e inovações, ou é resistente?

_____

_____

_____

Tempo de oração

Senhor, preciso ter a mente de Cristo.
Que ela me capacite e que
o Teu espírito me impulsione a sermos
uma empresa visionária.

Escreva seus pedidos:

_____

_____

_____

Terça-feira

Inovar está relacionado a tentativa e erro. Será que você está pronto para lidar com o erro ou você não suporta o erro não intencional?

_____

_____

_____

Tempo de oração

Senhor, não consigo lidar bem com
os erros, mesmo quando
eles não são intencionais. Capacita-me
para aprender a lidar com
uma equipe que erra tentando acertar.

Escreva seus pedidos:

_____

_____

_____

Quarta-feira

Mudanças produzem um alto desconforto e nos tira da zona de conforto. Sua organização tolera mudanças?

_____

_____

Tempo de oração

Senhor, até estou aberto
às mudanças, mas não gosto
e não consigo lidar bem
com os erros que acontecem.

Escreva seus pedidos:

_____

_____

_____

Quinta-feira

Sua equipe é aberta à inovação e a mudanças?

Tempo de oração

*Senhor, preciso ser uma influência
na vida da minha equipe de liderança para
que sejam abertos às mudanças.*

Escreva seus pedidos:

Sexta-feira

Você investe na formação de sua equipe para que eles sejam inovadores?

Tempo de oração

*Senhor, a inovação é uma
ótima ferramenta. Preciso da sua ajuda
para liderar a minha equipe
no rumo certo com uma mente inovadora
que produz boas mudanças.*

Escreva seus pedidos:

Aponte ações que pretenda colocar em prática imediatamente:

Semana 34

Comunicando a visão

1 Crônicas 28:1-21

Tempo da Palavra

⁶Ele me disse: "Seu filho Salomão é quem construirá o meu templo e os meus pátios, pois eu o escolhi para ser meu filho, e eu serei o pai dele. ⁷Firmarei para sempre o reino dele se ele continuar a obedecer os meus mandamentos e as minhas ordenanças, como faz agora".

Assim como Davi fez, precisamos reunir toda a nossa empresa e comunicar a visão de Deus para nossos colaboradores. Nos dias atuais, isso pode ser feito pessoalmente, no caso de você ter uma empresa pequena, ou pode ser por meios tecnológicos, no caso de ter filiais, mas não deixe de reunir e comunicar a visão. Uma equipe que sabe o que se espera dela e aonde se quer chegar no futuro saberá o que deve fazer no presente. Isso é o que, em geral, chamamos de planejamento estratégico. Reunimos nossos liderados, comunicamos a visão de futuro, o que queremos e fazemos em nosso negócio e pedimos a eles que nos ajudem, cumprindo nossa missão diária, por meio de objetos e metas e de indicadores que nos ajudam a nos mantermos fiéis, todos os dias, sem nos desviarmos delas. Deus honrará nossos dias, até que a visão seja estabelecida, no seu devido tempo.

MEDITAÇÕES PARA A SEMANA

Segunda-feira
Você já sabe o que Deus quer de você e da sua empresa, hoje e no futuro?

_____

_____

_____

Tempo de oração

Senhor, coloca em meu coração
os projetos do Senhor para os meus negócios
e me dá clareza de para onde devemos ir.

Escreva seus pedidos:

_____

_____

_____

Terça-feira
A visão para a empresa foi comunicada a todos os colaboradores a fim de que saibam para onde devem ir?

_____

_____

_____

Tempo de oração

Senhor, capacita-me para me fazer entender
quando me comunico com a minha equipe.
Quero ser claro com os meus liderados a fim
de que todos entendam o que eu digo.

Escreva seus pedidos:

_____

_____

_____

Quarta-feira

Você comunica e todos entendem, ou não se preocupa em verificar a mensagem a compreensão e o resultado?

_____

_____

Tempo de oração

Senhor, comunicar a visão
aos integrantes da equipe é tão importante
quanto verificar se eles compreenderam
para que saibam para onde
devem ir. Ensina-me a ter este cuidado.

Escreva seus pedidos:

_____

_____

_____

_____

Perspectivas cristãs para o mundo dos negócios | 183

Quinta-feira

Todo o grupo de líderes entende a visão de futuro e consegue comunicá-la à sua equipe?

Tempo de oração

Senhor, capacita
os líderes a ouvirem a Tua voz
e a mim para orientá-los
a fim de chegarem no lugar que Tu desejas.

Escreva seus pedidos:

Sexta-feira

Você tem orado e pedido a Deus que confirme a visão ou forneça uma nova visão para os negócios?

Tempo de oração

Senhor, que minha mente e coração
estejam prontos a ouvir
a Tua voz e cumprir os propósitos
que tens no Teu coração.

Escreva seus pedidos:

Aponte ações que pretenda colocar em prática imediatamente:

Semana 35

Tempo de disseminar a visão

Neemias 2:11-20

Tempo da Palavra

[17]*Então eu lhes disse: Vocês estão vendo a situação terrível em que estamos: Jerusalém está em ruínas, e suas portas foram destruídas pelo fogo. Venham, vamos reconstruir os muros de Jerusalém, para que não fiquemos mais nesta situação humilhante.*

Deus queria colocar em andamento o Seu plano de restaurar Jerusalém e precisava disseminar essa visão. Então, o Senhor mobiliza a Hanani que, com outros homens de Judá, vão ao encontro de Neemias (1:2) e criam um cenário na mente dele (1:3), um cenário de mobilização, que tirasse Neemias da zona de conforto em que estava vivendo. Neemias, então, parte para Judá; lá, recebe a visão de Deus; depois, a compartilha com os seus compatriotas. Observe que ele não chega gerando agitação nem contando para qualquer um. Primeiro, ele faz uma inspeção da situação em que Jerusalém se encontra e, assim, identifica a quem contar o plano e a quem não contar. Nos nossos negócios, precisamos espalhar a visão para todos, pois já sabemos que alguns imediatamente se juntarão a nós, mas outros não. Haverá resistências e aqueles que ficarão em cima do muro. Recomendo que você escolha um grupo que, assim como você, acredite na visão da empresa e trabalhará dia e noite por ela. Assim como Neemias, você terá vitória e levará a sua empresa até onde Deus planejou, como fez com Neemias.

MEDITAÇÕES PARA A SEMANA

Segunda-feira
Você acredita que tem clareza na visão que Deus tem para os seus negócios?

_____

_____

Tempo de oração

Senhor, preciso da clareza da visão
que Tu tens para mim.
Espírito Santo, revela-a a mim.

Escreva seus pedidos:

_____

_____

_____

Terça-feira
Você já identificou quem da sua equipe tem o engajamento necessário para ajudá-lo a comunicar e trabalhar pela visão?

_____

_____

_____

Tempo de oração

Senhor, em minha equipe, tenho pessoas
mais e engajadas e outras nem tanto.
Capacita-me a discernir e investir nessas pessoas
da forma que cada uma delas necessita.

Escreva seus pedidos:

_____

_____

_____

Quarta-feira

Sua organização tem sido bem clara, definindo e comunicando os valores, a missão e a visão do negócio?

_____

_____

Tempo de oração

Senhor, preciso deixar claro para todos
o que temos em mente para
nossa empresa e, com isso, ajudá-los
a saber para onde estamos indo.

Escreva seus pedidos:

_____

_____

_____

_____

_____

Quinta-feira

Qual o esforço ou as atividades que você já fez para comunicar a visão de futuro do seu negócio?

Tempo de oração

*Senhor, se as pessoas deste negócio
não souberem para onde vão, estarão
perdidas e sem rumo. Preciso de
sabedoria do alto para comunicar com clareza.*

Escreva seus pedidos:

Sexta-feira

Seus clientes afirmariam que você está indo para onde sua visão o direciona?

Tempo de oração

*Senhor, nossos clientes precisam saber
que Tu és o nosso guia e protetor.
Que todos vejam a Tua direção e a Tua boa mão
em nossas ações e resultados.*

Escreva seus pedidos:

Aponte ações que pretenda colocar em prática imediatamente:

Semana 36

Equipados para alcançar a visão

Atos 1:1-8

Tempo da Palavra

⁶Então os que estavam reunidos lhe perguntaram: "Senhor, é neste tempo que vais restaurar o reino a Israel?". ⁷Ele lhes respondeu: "Não lhes compete saber os tempos ou as datas que o Pai estabeleceu pela sua própria autoridade. ⁸Mas receberão poder quando o Espírito Santo descer sobre vocês, e serão minhas testemunhas em Jerusalém, em toda a Judeia e Samaria, e até os confins da terra".

Alguns de nós ficamos chateados por não conhecer o mapa inteiro e receber apenas as porções necessárias para uma etapa da caminhada. Não quero padronizar Deus, mas, em geral, Ele não mostra o mapa todo e nem por isso você deixa de estar capacitado para cumprir a missão e alcançar a visão proposta. Veja o exemplo de Abraão, chamado para ser pai de uma grande nação e habitar em uma Terra que Deus mostraria no futuro. Davi é ungido rei mas só ocupa o trono de Israel apenas 10 anos depois, tempo em que passa por perseguição e tem que viver como um fugitivo. Antes de iniciar seu ministério, Paulo tem um encontro com Jesus, perde a capacidade de enxergar, precisa que o guiem pela mão até Damasco, permanece três dias cego até Ananias ser enviado até ele pelo Senhor para curá-lo. E você? Se sente capacitado para liderar os seus negócios ou ainda está esperando pelo mapa completo achando que mudará tudo? Fomos chamados para andar no Espírito Santo, com revelações diárias da jornada.

MEDITAÇÕES PARA A SEMANA

Segunda-feira

Você se considera capaz de administrar os negócios que Deus colocou em suas mãos?

_____

_____

Tempo de oração

Senhor, muitas vezes me sinto incapaz,
mas, se Tu me capacitares, posso enfrentar tudo.

Escreva seus pedidos:

_____

_____

_____

Terça-feira

Você se sente um líder capaz de conduzir as pessoas que Deus colocou em suas mãos?

_____

_____

Tempo de oração

Senhor, preciso da Tua sabedoria e da
presença constante e permanente do Espírito Santo
falando ao meu coração e me direcionando.

Escreva seus pedidos:

_____

_____

_____

Quarta-feira

Você se permite capacitado pelo Espírito Santo de Deus em tudo que precisa ou acredita que negócios e Deus não se misturam?

_____

_____

Tempo de oração

Senhor, livra-me do conceito errado
que separa o secular,
os negócios, do sagrado.
Tu me chamaste e
me vocacionaste de forma
única e integral.

Escreva seus pedidos:

_____

_____

_____

_____

Quinta-feira

Sua equipe já viu você reconhecer verbalmente o mover de Deus nos seus negócios?

_____

_____

Tempo de oração

Senhor, que a minha boca anuncie
o quanto Tu és grande
e o quanto dependemos de ti.

Escreva seus pedidos:

_____

_____

_____

Sexta-feira

Você já anunciou para sua equipe que, sem a presença do Espírito Santo, suas decisões seriam arriscadas?

_____

_____

Tempo de oração

Senhor, preciso de ousadia para
envolver minha equipe, em oração, para que vejam
as minhas fraquezas e que dependo de ti.

Escreva seus pedidos:

Aponte ações que pretenda colocar em prática imediatamente:

Semana 37

Fazendo alianças saudáveis

1 Samuel 22:1-23

Tempo da Palavra

[22]*"Então Davi disse a Abiatar: "Naquele dia, quando o edomita Doegue estava ali, eu sabia que ele não deixaria de informar a Saul. Sou responsável pela morte de toda a família de seu pai.* [23]*"Fique comigo, não tenha medo; o homem que está atrás de sua vida também está atrás da minha. Mas você estará a salvo comigo".*

Davi já sabia que seria o rei, mas a visão ainda não tinha sido efetivada, então, enquanto isso, ele segue sendo fiel ao rei Saul. Muitas vezes em nossas decisões diárias, pensamos que estamos perdendo tempo, ao esperar que Deus faça o seu plano por completo. No mundo dos negócios, acredita-se na máxima de que tempo é dinheiro; ficamos ansiosos para tomar decisões e executar tarefas e não oramos nem buscamos em nossas alianças saudáveis respostas para essas angústias. Davi teve que fugir de Saul, um homem conhecido, de cuja reação todos tinham medo (assim como no mundo dos negócios, em que pessoas fazem coisas terríveis e até inescrupulosas, só para aplacar sua ansiedade e medos). Nessas horas, uma aliança com o Deus Todo-poderoso e a dependência do Espírito Santo nos mostraram com quem podemos contar nas horas da crise. Não espere a crise para fazer boas alianças; comece já a escolher seus parceiros para a jornada.

MEDITAÇÕES PARA A SEMANA

Segunda-feira

Você costuma fazer alianças externas ou prefere andar sozinho?

Tempo de oração

Senhor, tenho aprendido que
alianças são importantes,
por isso, dá-me discernimento para
escolhê-las corretamente.

Escreva seus pedidos:

Terça-feira

Alianças internas são uma prática na sua empresa ou a competição é tão grande que os colaboradores vivem em pé de guerra entre eles?

Tempo de oração

*Senhor, não quero criar um
ambiente hostil em minha empresa,
mas, às vezes, eu fomento uma
competição que pode não ser saudável.*

Escreva seus pedidos:

_____

_____

_____

Quarta-feira

Você tem uma aliança com Deus e conhece seu papel, ou você acha que Deus é seu subordinado e está à sua disposição para servir você?

_____

_____

Tempo de oração

*Senhor, eu preciso entender
com clareza os Teus planos para
não os sabotar, pois quero
servir-te por meio dos meus negócios.*

Escreva seus pedidos:

_____

_____

_____

Quinta-feira

Quem são seus aliados com quem você pode contar nos dias bons e maus?

_____

_____

Tempo de oração

Senhor, capacita-me a entender,
escolher e investir em
relacionamento com aqueles que
serão bênção para nós.

Escreva seus pedidos:

_____

_____

_____

Sexta-feira

Sua equipe é sua aliada e joga a seu favor ou há uma rebelião interna acontecendo?

_____

_____

Tempo de oração

Senhor, dá-me clareza e revela
toda a verdade das intenções do coração
dos integrantes da minha equipe
a fim de que possamos ser aliados.

Escreva seus pedidos:

Aponte ações que pretenda colocar em prática imediatamente:

Semana 38

O poder da influência

Salmo 82:1-8

Tempo da Palavra

¹É Deus quem preside a assembleia divina; no meio dos deuses, ele é o juiz. ²Até quando vocês vão absolver os culpados e favorecer os ímpios?

Sabemos que Davi era um homem de coração arrependido que rapidamente se voltava para Deus. Ele também ficou conhecido como o homem segundo o coração de Deus, que agia em temor ao Senhor. Possivelmente, boa parte desse temor vinha do fato de ele conhecer o seu Deus, o juiz. Ele mesmo viveu histórias incríveis com Deus. Se você virar a página da sua Bíblia e ler o Salmo 81, verá o relato que ele faz de como Deus deseja impor Seu juízo sobre as ações dos que oprimiam Israel, mas a falta de temor ao Senhor por parte do povo "impedia" que Deus fizesse isso.

Assim como Davi, precisamos compreender o poder que Deus tem para definir as decisões. Ele tem em Suas mãos todo o poder para julgar e deseja que tomemos a posição de influência que temos nos nossos negócios, para evitar que caiamos no julgamento do Deus vivo. Influência serve para impactar a vida das pessoas ao nosso redor, para livrar sua empresa de cometer erros passíveis de julgamento. O que você não pode esquecer é que o justo Juiz também enviou o Espírito Santo, que nos capacita para vencer e evitar as circunstâncias que causam juízo.

MEDITAÇÕES PARA A SEMANA

Segunda-feira
Você se sente emponderado por Deus para exercer o chamado e vocação que recebeu para o mundo dos negócios?

_____

_____

Tempo de oração

*Senhor, preciso de mais clareza quanto
ao Teu chamado em minha vida e na minha
empresa, para que eu consiga obedecer.*

Escreva seus pedidos:

_____

_____

_____

Terça-feira
Como você tem usado o poder de liderança sobre sua equipe?

_____

_____

_____

_____

Tempo de oração

*Senhor, transforma-me no líder que minha equipe
precisa e que Tu desejas que eu seja.*

Escreva seus pedidos:

_____

_____

_____

Quarta-feira
Que tipo de influência você tem exercido sobre seus
colaboradores?

_____

_____

Tempo de oração

*Senhor, sei que minha equipe
me observa a todo momento, então, capacita-me
a ser uma boa influência para ela.*

Escreva seus pedidos:

_____

_____

_____

Quinta-feira
Sua empresa exerce alguma influência na vida das pessoas? Se
sim, essa influência é positiva ou negativa?

_____

Tempo de oração

Senhor, eu sei a responsabilidade que tenho com as pessoas que me deste para cuidar, então, que eu seja uma influência abençoadora na vida delas.

Escreva seus pedidos:

Sexta-feira

Suas decisões promovem justiça, paz e alegria ou o reino de Deus ainda não chegou à sua empresa?

Tempo de oração

Senhor, que o Teu reino se estabeleça na minha empresa e se torne um lugar de alegria, paz e justiça.

Escreva seus pedidos:

Aponte ações que pretenda colocar em prática imediatamente:

Semana 39

Atitudes que transformam vidas

Ester 4:3-14

Tempo da Palavra

[12] Quando Mardoqueu recebeu a resposta de Ester [13] mandou dizer--lhe: "Não pense que pelo fato de estar no palácio do rei, de todos os judeus só você escapará, [14] pois, se você ficar calada nesta hora, socorro e livramento surgirão de outra parte para os judeus, mas você e a família do seu pai morrerão. Quem sabe se não foi para um momento como este que você chegou à posição de rainha?".

Deus convocou Ester, como rainha, para salvar o povo. Ele permitiu um pequeno período de descanso antes de exigir dela uma atitude ousada e de influência em prol do destino do seu povo. Muitos empreendedores têm achado que ganharam de Deus os negócios apenas para o lazer, descanso e proveito próprio, mas, na verdade, Deus os vocacionou e os comissionou, com Jesus, na missão de, por meio dos negócios, influenciar e transformar a vida de muitas pessoas. Não importa se sua equipe é uma pessoa ou se são milhares; você e mais um são uma multidão nas mãos de Deus. Você e milhares, mas sem Deus, estão sozinhos. Influenciar sua geração, seus colaboradores e fornecedores é o chamado de Deus para a sua vida. Não desista de usar todo o potencial que Deus lhe deu para influenciar a vida de pessoas.

MEDITAÇÕES PARA A SEMANA

Segunda-feira

Você é um líder influenciador que usa esta habilidade para transformar a vida das pessoas ou apenas para alcançar seus objetivos pessoais?

Tempo de oração

*Senhor, livra-me de ser um líder
que usa a influência apenas para conseguir coisas.
Capacita-me a olhar para as pessoas.*

Escreva seus pedidos:

Terça-feira

Sua influência é vista pelo grupo como saudável ou doentia, beirando a falta de respeito e responsabilidade?

Tempo de oração

Senhor, se estou usando mal a minha autoridade
e influência, transforma o meu caráter
e me faz semelhante a Jesus.

Escreva seus pedidos:

Quarta-feira

Influência é sinônimo de poder ou de responsabilidade na sua organização?

Tempo de oração

Senhor, ajuda-nos a compreender
quanta responsabilidade precisamos ter quando
exercemos influência sobre pessoas.

Escreva seus pedidos:

Quinta-feira

Você mantém em sua mente esta verdade primordial: "A quem muito foi dado, muito será exigido..." (Lc 12:48)?

Tempo de oração

Senhor, seremos cobrados quanto a nossa capacidade de influenciar, logo, o que diremos diante de ti? Queremos ser achados íntegros.

Escreva seus pedidos:

Sexta-feira

Você já descobriu para que Deus lhe deu tamanha influência sobre a vida das pessoas?

Tempo de oração

*Senhor, revela a Tua vontade
e a maneira como devo influenciar
a vida das pessoas que
Tu colocaste sob minha liderança.*

Escreva seus pedidos:

Aponte ações que pretenda colocar em prática imediatamente:

Semana 40

Excelência e qualidade

Gênesis 1:1-31

Tempo da Palavra

31E Deus viu tudo o que havia feito, e tudo havia ficado muito bom.

Muitos acreditam que estamos neste mundo para receber a recompensa da eternidade, mas temos uma concepção equivocada se o nosso alvo for apenas a eternidade. Deus fez a Terra e tudo que nela existe com excelência e qualidade, e não poderia ser diferente. Ele fez o homem e a mulher e os colocou no "jardim" para cuidar com excelência e qualidade, mas, por pura desobediência, tudo desandou, o caos se estabeleceu. Contudo, o mundo e a humanidade ainda são a criação do nosso Deus. Ele não se arrependeu de criar, tanto que Seu plano para a redenção e regeneração foi colocado em andamento no mesmo instante em que o homem se encontra com Ele e enxerga o grande erro que havia cometido. Em uma analogia simples, nossos negócios, às vezes, são acometidos de problemas que nos afastam do alvo, porém, isso não nos leva a jogar tudo fora e desistir, e sim nos faz voltar atrás, ver onde falhamos, nos arrependermos, tomar todas as providências e colocar novamente as coisas e pessoas na direção certa, conforme foram planejadas para se alcançar o objetivo. Assim restauramos a ordem e a excelência.

MEDITAÇÕES PARA A SEMANA

Segunda-feira

Sua empresa tem seguido o modelo da criação, criando coisas, produtos e serviços excelentes?

_____

_____

Tempo de oração

Senhor, coloca em nós um
desejo pela excelência,
para que tudo o que viermos a fazer
seja como que para ti.

Escreva seus pedidos:

_____

_____

_____

Terça-feira

Você aceita coisas malfeitas da sua equipe ou exerce influência sobre ela para que façam sempre o melhor?

_____

_____

_____

Tempo de oração

Senhor, que minha equipe
sempre veja em mim
um modelo de excelência e não
uma pedra de tropeço.

Escreva seus pedidos:

Quarta-feira

Sua empresa é reconhecida no mercado como sendo de alta qualidade ou ela é procurada como última alternativa?

Tempo de oração

Senhor, nós queremos ser lembrados
como uma empresa de
referência no que fazemos, pois isso tornará
o Teu nome conhecido e exaltado.

Escreva seus pedidos:

Quinta-feira

Seus clientes recebem produtos de excelência ou vocês constantemente recebem reclamações e devoluções por questões de má qualidade?

Tempo de oração

Senhor, dá-nos a chance
de vermos os nossos produtos serem qualificados e
classificados como os de mais alta excelência.

Escreva seus pedidos:

Sexta-feira

Seu ambiente de trabalho reflete o Deus da criação ou o caos antes da criação?

Tempo de oração

Senhor, queremos viver em um
ambiente organizado, criativo, produtivo
e inspirador, semelhante
aos lugares onde o Senhor reina.

Escreva seus pedidos:

Aponte ações que pretenda colocar em prática imediatamente:

Semana 41

Assuma riscos

Josué 1:1-9

Tempo da Palavra

⁵Ninguém conseguirá resistir a você, todos os dias da sua vida. Assim como estive com Moisés, estarei com você; nunca o deixarei, nunca o abandonarei.

Moisés foi um homem preparado. Não podemos esquecer que ele cresceu até os seus 40 anos no palácio real, com todos os privilégios de um príncipe e com todo o treinamento e recursos disponíveis na época. Já as circunstâncias de Josué eram bem diferentes; ele sai da condição de escravo para seguidor de Moisés e aprende com ele como seria o desafio de tirar um povo da escravidão rumo à liberdade.

No mundo dos negócios, na maioria das vezes, não temos todas as informações para fazer as escolhas, mas Deus tem, e era isso que importava para Moisés e Josué. O que Deus espera de nós é que tenhamos a ousadia de tomar riscos, entendendo que nossa segurança está no Senhor; se Ele pedir que façamos, que coloquemos o pé no mar, é porque Ele abrirá as águas para passarmos a seco. Nesse caso, a segurança não terá nada a ver com os nossos conhecimentos, mas com a total dependência do Deus vivo, o Deus da segurança. Esteja com ouvidos, mente e coração atentos. Deus está nos desafiando a dar passos de fé, assumir riscos e depender completamente dele.

MEDITAÇÕES PARA A SEMANA

Segunda-feira

Você sabe a diferença entre assumir riscos e correr riscos?

Tempo de oração

Senhor, contigo posso assumir riscos calculados
e mitigados; sozinho, corro riscos
que não deveria. Ajuda-me a ouvir a
Tua direção em todas as coisas.

Escreva seus pedidos:

Terça-feira

Sua equipe está treinada para perceber os riscos e fazer boas escolhas com segurança?

Tempo de oração

Senhor, capacita-nos para selecionarmos
os riscos que tomaremos e andarmos
com segurança. Afasta-nos das armadilhas.

Escreva seus pedidos:

Quarta-feira

Seus negócios correm que tipo de riscos diariamente? Que riscos você já mapeou e quais ainda não conhece?

Tempo de oração

Senhor, ajuda-nos a antever
os riscos e nos capacita a lidar com eles,
especialmente com os que ainda
não conhecemos ou não mapeamos.

Escreva seus pedidos:

Quinta-feira

Você trabalha em equipe contra os riscos ou é cada um por si?

_____

_____

Tempo de oração

Senhor, somos uma equipe. Porém,
na hora das crises, não temos trabalhado como tal,
tornando os riscos mais perigosos ainda.
Dá-me sabedoria para gerar coesão entre meus liderados.

Escreva seus pedidos:

_____

_____

_____

Sexta-feira

Diante dos riscos, a quem você recorre por primeiro?

_____

_____

Tempo de oração

Senhor, mesmo que tenhamos
conhecimento no que fazemos, ensina-nos
a depender de ti para tudo,
e que não nos esqueçamos de ti e da
sabedoria que procede de ti.

Escreva seus pedidos:

Aponte ações que pretenda colocar em prática imediatamente:

Semana 42

Mordomia nos negócios

Mateus 25:14-30

Tempo da Palavra

[15]*A um deu cinco talentos, a outro dois, e a outro um; a cada um de acordo com a sua capacidade* [26]*O senhor respondeu: "Servo mal e negligente! Você sabia que eu colho onde não plantei e junto onde não semeei?* [27]*Então você devia ter confiado o meu dinheiro aos banqueiros, para que, quando eu voltasse, o recebesse de volta com juros".*

Esta parábola de Jesus tem muitas lições, voltaremos nosso foco hoje para o papel do administrador dos recursos. Observe que os recursos haviam sido distribuídos de acordo com as capacidades, e não por favoritismo. Por isso, nos seus negócios, sempre seja justo com a distribuição dos recursos; capacidade e competência são muito importantes para o sucesso de um projeto. Observe também que os servos escolhidos para receberem os recursos não deveriam ser os únicos, assim como é em nossos negócios. Temos equipes de líderes em fases diferentes de amadurecimento profissional e não podemos exigir de todos o mesmo desempenho. Imagine, por fim, um empresário que volta para a sua atividade na empresa, encontra bons projetos executados e com o desempenho esperado, menos um, que está em total prejuízo. Pior ainda, o responsável não pediu ajuda para ninguém, escondendo o problema, até não ter mais solução. No fim, não houve complacência com o negociante.

MEDITAÇÕES PARA A SEMANA

Segunda-feira

Sua empresa reconhece os bons trabalhadores pela performance, pelos resultados que eles entregam, ou pelo relacionamento que desenvolvem?

Tempo de oração

Senhor, valorizamos pessoas e relacionamentos,
mas isso não deve ser confundido
na hora de cobrar o resultado nos negócios.

Escreva seus pedidos:

Terça-feira

Relacionamentos importam, mas eles não são a base da análise dos resultados. Como você equilibra os dois?

Tempo de oração

Senhor, concede a nossa equipe um
equilíbrio constante. Ensina-nos a administrar os negócios,
e que, na busca por performance e por
resultados, saibamos desenvolver um ambiente saudável.

Escreva seus pedidos:

Quarta-feira

Nos seus negócios, a justiça passa por não proteger o negligente, o incompetente e o preguiçoso?

Tempo de oração

Senhor, que o nosso amor por pessoas
nunca seja confundido com
aceitar a negligência ou o baixo desempenho.
Torna-nos excelentes naquilo que fazemos.

Escreva seus pedidos:

Quinta-feira

Justiça é uma boa demonstração de uma boa administração na sua empresa?

Tempo de oração

Senhor, queremos ser justos
e firmes, como Tu nos ensinas em Tua Palavra.

Escreva seus pedidos:

Sexta-feira

Você valoriza a performance sem desvalorizar os relacionamentos e o perfil de cada um?

Tempo de oração

Senhor, não permitas que nosso anseio
por resultados negligencie
o cuidado e o perfil dos nossos
colaboradores. Ajuda-nos
a valorizar adequadamente
tanto um quanto o outro.

Escreva seus pedidos:

Aponte ações que pretenda colocar em prática imediatamente:

Semana 43

Tomada de decisões

Neemias 1:1-11

Tempo da Palavra

⁴Quando ouvi essas coisas, sentei-me e chorei. Passei dias lamentando, jejuando e orando ao Deus dos céus.

¹¹Senhor, que os teus ouvidos estejam atentos à oração deste teu servo e à oração dos teus servos que têm prazer em temer o teu nome. Faze que hoje este teu servo seja bem-sucedido, concedendo-lhe a benevolência deste homem. Nessa época, eu era o copeiro do rei.

O povo havia sido levado cativo; opressão de outros povos, escravidão e tudo de ruim que poderiam esperar estavam sobre eles. Assim como o povo judeu, nessa época da história, afastou-se da dependência de Deus e de se submeter ao Seu senhorio, nós, por vezes, queremos conduzir nossos negócios sozinhos, fora da dependência de Deus, e escolhemos, conscientemente ou não, tomar as decisões sozinhos, ficando à mercê das nossas próprias escolhas. Não há dúvidas quanto à lei da semeadura, então, nossas decisões terão consequências e teremos que lidar com elas, gostando ou não.

Precisamos nos prostrar diante do Senhor e confiar que Ele é nossa melhor escolha. Ele é um amigo capaz de nos dar sabedoria e discernimento para tomarmos as melhores decisões, e se você está, assim como Neemias, diante de uma crise empresarial, sente e chore na presença do Senhor. Jejue e ore ao Senhor por resposta. Quando a resposta chegar, vá e construa os muros de proteção.

MEDITAÇÕES PARA A SEMANA

Segunda-feira
Como você lida nos dias das grandes decisões que tem que tomar em seu negócio?

_____

_____

Tempo de oração

Senhor, tanto nos dias bons
quanto nos dias de grande tensão,
capacita-me a depender de ti
e a jamais me esquecer da Tua benevolência.

Escreva seus pedidos:

_____

_____

_____

_____

Terça-feira

Você se coloca diante de Deus apenas quando não sabe mais o que fazer ou procurá-lo é a sua primeira sua atitude antes de fazer qualquer coisa?

Tempo de oração

Senhor, neste meu negócio, não permitas que eu te deixe de fora das decisões, sejam elas pequenas ou grandes.

Escreva seus pedidos:

Quarta-feira

O jejum e a oração, além de joelhos no chão demonstrando sua submissão em total dependência dele, são uma prática constante na sua vida?

Tempo de oração

*Senhor, preciso andar de joelhos,
em total dependência do Senhor. Isso fará com
que minha mente esteja totalmente
atenta ao Teu querer e meus ouvidos, à Tua voz.*

Escreva seus pedidos:

Quinta-feira

Sua equipe busca a Deus com você ou você carrega tudo sozinho nos ombros?

Tempo de oração

Senhor, preciso ensinar minha equipe
a depender do Senhor, então, capacita-me
a viver totalmente dependente de ti.

Escreva seus pedidos:

Sexta-feira

Você descansa no Senhor ou os problemas nos negócios e os momentos de alegria não se misturam com as coisas de Deus?

Tempo de oração

*Senhor, definitivamente preciso entender
que não há separação entre sagrado e secular, ou
negócios e o Teu reino, então, abra os meus olhos.*

Escreva seus pedidos:

Aponte ações que pretenda colocar em prática imediatamente:

Semana 44

Exorte em amor

Josué 3:1-13

Tempo da Palavra
⁵Josué ordenou ao povo: "Santifiquem-se, pois amanhã o Senhor fará maravilhas entre vocês".

A história de liderança de Josué é incrível, cheia de significado e aprendizado. Josué aprende a liderar de forma prática, observando Moisés, mas, em todo o tempo, ele se coloca em submissão a Deus e busca ouvir o que Deus quer fazer, por meio de sua liderança, com o Seu povo. Como já vimos antes, o povo israelita não era exatamente o sinônimo de obediência a Deus, e várias vezes Deus precisou exortar o povo, levantar profetas, permitir que fossem levados para o cativeiro, passassem por perseguição, porém ninguém poderá acusar Deus nem Josué de não terem sido pacientes e amorosos com o povo. Eles estavam prestes a entrar em terras prometidas, que demandariam algumas disciplinas. Também demandaria a obediência à liderança firme, mas amorosa. Foi assim com Josué desde o seu chamado, quando solicitado a dar relatório sobre a Terra Prometida até seu estabelecimento nela, e quando faz esta conhecida declaração em amor: "...escolham hoje a quem irão servir [...]. Mas, eu e minha família serviremos ao Senhor" (Js 24:15). É assim conosco em nossos negócios. Lidere sua equipe com esse amor e firmeza em obediência ao Senhor!

MEDITAÇÕES PARA A SEMANA

Segunda-feira
Sua liderança é firme?

\
\

Tempo de oração

*Senhor, preciso de sabedoria
para liderar minha equipe, meu negócio e minha
família, pois quero ser firme em amor.*

Escreva seus pedidos:

\
\
\

Terça-feira
Firmeza para você é grosseria, frouxidão, ser bonzinho ou tratar com amor e seriedade?

\
\
\
\

Tempo de oração

*Senhor, algumas vezes confundo firmeza
com gritaria e, em outras, sou fraco e não trato
com seriedade os problemas. Preciso de ti.*

Escreva seus pedidos:

Quarta-feira

Exortação para você é apenas gritaria ou você se prepara para conversas duras com o mesmo empenho que para conversas de celebração?

Tempo de oração

*Senhor, preciso me preparar
melhor para as conversas, pois, a maioria
das vezes, seja onde eu estiver, eu falo
impulsivamente. Ensina-me a ser mais cuidadoso.*

Escreva seus pedidos:

Quinta-feira

Seus líderes entendem a diferença de ser firme e ser grosseiro?

Tempo de oração

*Senhor, minha equipe precisa de exemplos, mas
também precisa de iniciativa para ser melhor.
Ajuda-me a orientar adequadamente meus liderados.*

Escreva seus pedidos:

Sexta-feira

Você exige, em sua empresa, que as pessoas se tratem em amor, independentemente do cargo ou da circunstância?

Tempo de oração

*Senhor, não permitas que eu seja
negligente e, com isso, os trabalhadores achem que
seremos condescendentes com atitudes de
maus-tratos. Queremos ser uma empresa firme,
mas que abunde em amor.*

Escreva seus pedidos:

Aponte ações que pretenda colocar em prática imediatamente:

Semana 45

Liderança com propósito

Atos 9:20-31

Tempo da Palavra

²⁷Então Barnabé o levou aos apóstolos e lhes contou como, no caminho, Saulo vira o Senhor, que lhe falara, e como em Damasco ele havia pregado corajosamente em nome de Jesus.

Sabemos que as pessoas possuem linguagens e formas diferentes de expressar amor. Recomendo fortemente a leitura do livro *As 5 linguagens do amor* (Ed. Mundo Cristão, 2023), cujo conteúdo o ajudará a se comunicar de forma ainda mais efetiva com a sua equipe, mas também colaborará muito com sua família. Jesus sabia exatamente como se comunicar e encorajar o jovem perseguidor da Igreja, Paulo. Ele se encontra com Paulo no caminho, ou seja, enquanto Paulo se dirigia para mais um "dia de trabalho", pela estrada para Damasco. Jesus precisou literalmente derrubar Paulo do cavalo e se apresentar para ele, convocá-lo e encorajá-lo a entrar em um novo projeto: pregar o evangelho e não perseguir mais a Igreja. Além disso, o Espírito Santo mobilizou Barnabé para ir ao encontro de Paulo, levá-lo em segurança e apoiá-lo no início de sua nova missão. Barnabé emprestou sua credibilidade junto aos demais líderes para que Paulo fosse aceito pelo grupo. Somos chamados para encontrar e apoiar nossos liderados e ajudá-los a entender o propósito dos nossos negócios.

MEDITAÇÕES PARA A SEMANA

Segunda-feira
Você é um encorajador e se coloca à disposição da sua equipe ou é sempre o primeiro a resistir?

_____

_____

Tempo de oração

*Senhor, preciso de um coração disposto
a encorajar, mesmo quando erros acontecem.*

Escreva seus pedidos:

_____

_____

_____

Terça-feira
Você já identificou na sua equipe quem são as pessoas que aceitam o risco de apoiar as outras?

_____

_____

_____

_____

Tempo de oração

Senhor, levanta na minha empresa
uma equipe de encorajadores, de pessoas
comprometidas uma com as outras.

Escreva seus pedidos:

_____

_____

_____

Quarta-feira

Uma tarefa frustrada o desencoraja a prosseguir, de tentar novamente? O ambiente em sua empresa é favorável aos recomeços?

_____

_____

Tempo de oração

Senhor, eu sei que me abalo
quando as tarefas não acontecem como
o planejado, por isso preciso
da Tua ajuda para amadurecer nessa área.

Escreva seus pedidos:

_____

_____

_____

_____

Quinta-feira

Em sua equipe, há alguém que tem o hábito espontâneo de se prontificar para apoiar os novatos? Eles aceitam ajuda, ou frustram suas iniciativas?

_____

_____

_____

Tempo de oração

Senhor, precisamos nos tornar mais parecidos
contigo. Ensina-nos e amar e a servir
ao próximo com sinceridade, pois isso honrará a ti
e abençoará nossa empresa.

Escreva seus pedidos:

_____

_____

_____

Sexta-feira

Temos refletido Jesus sendo firmes, mas mansos na forma de repreender e encorajar nossas equipes?

_____

_____

Tempo de oração

Senhor, sem a Tua intervenção
em minha vida, é muito difícil ser manso.
Transforma o meu coração.

Escreva seus pedidos:

Aponte ações que pretenda colocar em prática imediatamente:

Semana 46

Solucione problemas

Neemias 6:1-14

Tempo da Palavra

[11]Todavia, eu lhe respondi: Acha que um homem como eu deveria fugir? Alguém como eu deveria entrar no templo para salvar a vida? Não, eu não irei! [12]Percebi que Deus não o tinha enviado, e que ele tinha profetizado contra mim porque Tobias e Sambalate o tinham contratado.

Neemias foi convocado por Deus para reconstruir os muros de Jerusalém, que tinham sido destruídos pelos inimigos. Os muros ao redor das cidades, naquela época, eram sinônimo de segurança e resistência contra os inimigos que queriam invadir a cidade ou dominar uma nação. Sem muros, os problemas eram enormes e não havia esperança para os judeus que estavam lá. Solucionar problemas não é uma tarefa fácil e, em regra geral, para manter a harmonia, não gostamos de enfrentá-los. Então, nós os abandonamos ou procrastinamos, e assim acreditamos que eles se solucionarão com o tempo, o que é não é verdade. Para começar a solucionar um problema, é preciso conhecê-lo profundamente. Faça um diagnóstico, por intermédio de um consultor especialista no tema e aprofunde-se nas alternativas. Até chegarmos à raiz de muitos dos nós da vida empresarial, deixamos o Espírito Santo de lado, mas Ele tem o poder de revelar toda a verdade, se não o apagarmos. Neemias não foi destruído pelo grande problema, porque examinou o cenário existente e organizou a solução durante a jornada da reconstrução dos muros.

MEDITAÇÕES PARA A SEMANA

Segunda-feira

Você gosta de enfrentar problemas de frente ou procrastina sempre empurrando para debaixo do tapete?

_____

_____

_____

Tempo de oração

Senhor, quantas vezes eu tento
usar o tempo esperando que os problemas
desapareçam, e eles ficam sem solução. Isso não é
bom. Dá-me força e sabedoria para lidar com eles
e solucioná-los sob a Tua direção.

Escreva seus pedidos:

_____

_____

_____

_____

_____

Terça-feira

Problemas o paralisam ou você reage bem frente a eles, mesmo quando a pressão é maior do que seus conhecimentos?

Tempo de oração

Senhor, Tu sabes como alguns problemas
me paralisam e eu não sei o que fazer. Ajuda-me a não
deixar mais que isso aconteça; dá-me ousadia.

Escreva seus pedidos:

Quarta-feira

Você sempre lutou sozinho contra os problemas ou busca conselhos com sua equipe e especialistas?

Tempo de oração

Senhor, eu tenho preferido resolver as coisas
sozinho e do meu jeito, mas sei que
seria melhor envolver as minhas equipes,
então, ajuda-me a fazer isso.

Escreva seus pedidos:

Quinta-feira

Você envolve o Espírito Santo em suas buscas por solução de problemas ou, na sua empresa, os negócios não se misturam com as coisas do alto?

Tempo de oração

Senhor, durante estes anos, tenho te deixado
de fora das questões relacionadas aos negócios,
mas entendo agora que isso está errado e
que preciso do Teu senhorio para ser bem-sucedido.

Escreva seus pedidos:

Sexta-feira

Você acredita que os problemas são oportunidades para Deus alavancar mudanças em sua vida?

Tempo de oração

*Senhor, que qualquer problema
seja uma oportunidade para eu me aproximar
mais de ti e aprender contigo.*

Escreva seus pedidos:

Aponte ações que pretenda colocar em prática imediatamente:

Semana 47

Administre as tensões

1 Samuel 18:1-12

Tempo da Palavra

⁹Daí em diante Saul olhava com inveja para Davi.

Este episódio marca o início de uma nova jornada para Davi, que, amado pelo povo e odiado pelo rei, vive muitas tensões nos 10 a 15 anos seguintes até se tornar rei com a morte de Saul. Porém, o que mais me chama atenção no comportamento do jovem futuro monarca é que ele, guiado pelo Espírito de Deus, como vemos no texto, desenvolve uma habilidade extraordinária de lidar com as tensões da vida profissional e pessoal. Saul começa uma caçada pessoal a Davi, não para resolver as tensões que tinha em seu coração e reconstruir um bom relacionamento com Davi, um herói nacional e amigo do rei (veja 1 Samuel). Não havia um motivo real para aquela animosidade, e é assim nas nossas empresas também. Muitas tensões surgem de inveja tola, de conversas sem propósitos, de disputas por posição, prestígio e atenção. A lista de armadilhas que Satanás coloca no nosso coração para nos distrair com hostilidades é tão grande que, ou vigiamos e as desarmamos com diálogos para gerar um ambiente saudável, ou elas nos consumirão e nos destruirão. Não aceite que Satanás domine o ambiente, não baixe a guarda, ore e convide sua equipe para conversas abertas toda vez que perceber a tensão chegando.

MEDITAÇÕES PARA A SEMANA

Segunda-feira
Como você lida com situações de tensão na empresa?

_____

_____

_____

Tempo de oração

*Senhor, preciso aprender a controlar
meu temperamento e a ter um comportamento
que não estimule a constante tensão
na equipe, pois isso pode estar sendo prejudicial.*

Escreva seus pedidos:

_____

_____

_____

Terça-feira
Sua liderança estimula confiança ou tensão? Como você percebe que a equipe lida com um ambiente tenso?

_____

_____

_____

Tempo de oração

Senhor, eu sei que não tem sido saudável
a forma como mantenho o ambiente sob tensão
na empresa. Por isso, peço o Teu perdão
e a Tua ajuda para mudar isso imediatamente.

Escreva seus pedidos:

_____

_____

_____

Quarta-feira

Você sabe separar as tensões normais do mundo corporativo, ou você é um líder que não trabalha bem sob pressão?

_____

_____

_____

Tempo de oração

Senhor, sou inseguro e estou constantemente
me intrometendo em eventos para
diminuir a tensão. Capacita-me a ser
exemplo e a liderar minha equipe,
de modo a propiciar um ambiente saudável.

Escreva seus pedidos:

_____

_____

_____

Quinta-feira

As tensões com clientes são administradas com a verdade e a transparência?

_____

_____

Tempo de oração

Senhor, quando os problemas com clientes vêm,
fico tão tenso que minto. Preciso
da Tua ajuda, pois a Tua verdade liberta.

Escreva seus pedidos:

_____

_____

_____

Sexta-feira

As tensões como fornecedores são administradas com firmeza e amor, ou com autoritarismo, quase ilógico, da relação cliente versus fornecedor?

_____

_____

_____

Tempo de oração

Senhor, não sou muito justo é amável com
os meus fornecedores, logo, preciso
de transformação para tratar com justiça,
paz e amor as situações.

Escreva seus pedidos:

Aponte ações que pretenda colocar em prática imediatamente:

Semana 48

Gestão de conflitos

Mateus 18:15-20

Tempo da Palavra

15Se o seu irmão pecar contra você, vá e, a sós com ele, mostre-lhe o erro. Se ele o ouvir, você ganhou seu irmão.

A palavra mais animadora que encontro na Bíblia sobre conflitos, preocupações e as ações é que Jesus nos alerta para o fato de que, no mundo, ou seja, em todas as áreas da nossa vida, teremos aflições e conflitos, mas Ele nos aconselha resolver isso com bom ânimo (Jo 16:33). Então será que os animados passam pelos conflitos e aflições tranquilamente e sem preocupações? Não, não creio que seja isso que Jesus disse. Ele termina dizendo: "...tenham ânimo! Eu venci o mundo". Então, se Ele venceu os conflitos e aflições deste mundo, sendo Ele o Senhor da nossa vida e do Reino, e sendo os nossos negócios parte do Reino que Ele estabeleceu, então nosso Líder sabe tudo sobre resolução de conflitos e aflições e pode nos orientar sobre as melhores alternativas.

Diante dos conflitos, você busca em Jesus, por meio da oração e da Sua Palavra, respostas para o que está gerando tais conflitos? Você busca orientações em conselheiros que dominam os temas e que também entendem os métodos do Reino do seu Senhor? A sua vida tem sido uma forma de discipulado com a sua equipe, para que vejam como você lida com os conflitos e como se torna dependente da direção que o Espírito Santo dá?

MEDITAÇÕES PARA A SEMANA

Segunda-feira
Como você reage quando se depara com problemas?

_____

_____

Tempo de oração

*Senhor, tenho sido uma fonte de conflito na minha
empresa, a ponto de gerar aflição na minha equipe
e até deixar alguns integrantes dela doentes.
Ajuda-me a ter ânimo ao lidar com os conflitos e estar
atento à Tua orientação no gerenciamento deles.*

Escreva seus pedidos:

_____

_____

_____

Terça-feira
Mesmo onde não há problemas, sua postura é conflituosa, deixando os demais colegas angustiados com os seus embates?

_____

_____

Tempo de oração

*Senhor, passo do limite quando provocam conflitos
na empresa e, muitas vezes, eles não eram
necessários. Preciso que o Espírito Santo me use
e me transforme em um pacificador.*

Escreva seus pedidos:

Quarta-feira

Como você acredita que "um pouco de conflito" deixa o ambiente mais competitivo e mantém sua empresa sempre viva?

Tempo de oração

*Senhor, por que não podemos manter
um pouco de atenção por meio de conflitos
saudáveis, aqueles que fazem as pessoas
saírem de sua zona de conforto? Eu não vejo
nada de errado nisso, então, fala comigo.*

Escreva seus pedidos:

Quinta-feira

Tem alguém em sua equipe que sempre começa os conflitos?

Tempo de oração

Senhor, aquele colaborador
sempre começa um debate sem fim, que
não leva a lugar algum, mas que gera
conflitos e tensão desnecessários. Mostra-me
como proceder nessa questão.

Escreva seus pedidos:

Sexta-feira

Você é um pacificador que, ao ver o conflito, busca soluções de paz e não de guerra?

Tempo de oração

Senhor, capacita-me a ser um pacificador
e que minha empresa seja um lugar
em que, por meio do Espírito Santo, a paz
predomine sobre os conflitos.

Escreva seus pedidos:

Aponte ações que pretenda colocar em prática imediatamente:

Semana 49

Honre seus compromissos

Mateus 5:17-26

Tempo da Palavra

[20]*Pois eu lhes digo que se a justiça de vocês não for muito superior à dos fariseus e mestres da lei, de modo nenhum entrarão no Reino dos céus.*

Jesus nos exorta quanto à medida, à régua da justiça no Seu reino, começando Sua fala dizendo que veio cumprir toda a Lei e tudo que havia sido profetizado em relação a Ele. Dessa forma, fazendo um paralelo com a vida empresarial, muitos de nós somos confrontados por problemas e várias vezes somos apresentados a soluções que não estão de acordo com a lei humana. Para evitar dispersar a atenção do povo com conflitos, Jesus cumpria a lei judaica e o plano estratégico da redenção se cumpriu. Da mesma forma, na sua empresa, muitos conflitos podem nascer com clientes, fornecedores e colaboradores pelo simples fato de não havermos cumprido com o que foi dito, termos prometido e não mantido a palavra, e isso fica pior ainda quando queremos transferir a responsabilidade do conflito para o outro. O cumprimento da palavra, de acordos comerciais, de prazos dados e tantas outras promessas feitas desarma o gatilho dos conflitos. Se ainda assim você não conseguir cumprir algo, reconheça e peça perdão, repactue os acordos e cumpra o que prometeu.

MEDITAÇÕES PARA A SEMANA

Segunda-feira
Quando uma promessa feita não é cumprida, você pede perdão, renegocia e cumpre, ou tenta colocar a culpa no outro?

_____

_____

Tempo de oração

Senhor, sou orgulhoso e dificilmente
consigo reconhecer que posso estar errado.
Ajuda-me a enxergar em que
devo me arrepender e pedir perdão.

Escreva seus pedidos:

_____

_____

_____

Terça-feira
Na sua empresa há regras claras e valores bem definidos para guiar as decisões da sua equipe?

_____

_____

Tempo de oração

Senhor, preciso deixar claro à minha equipe
os valores do meu negócio, então
darei o passo de esclarecer isso a ela.

Escreva seus pedidos:

Quarta-feira

Quando você se compromete com algo, honrará de fato, mesmo que isso custe mais para o caixa da empresa?

Tempo de oração

Senhor, mesmo que custe mais do que planejei,
preciso honrar a palavra empenhada
e mostrar que Tu governas o nosso negócio.

Escreva seus pedidos:

Quinta-feira

A falta de clareza nas diretrizes, ocasionada pela forma como você as comunica, ocasiona conflitos?

Tempo de oração

Senhor, tenho falhado em deixar claras
as diretrizes da nossa empresa, e isso é uma fonte
de conflito. Coloca as palavras certas
nos meus lábios para que não haja embaraços.

Escreva seus pedidos:

Sexta-feira

Quando o conflito se instaura, onde você busca apoio para solucionar?

Tempo de oração

Senhor, se, depois de tentar evitar
as brechas para o conflito, eles ainda assim
acontecerem, ajuda-me a procurar
a ti e bons conselheiros para me orientarem.

Escreva seus pedidos:

Aponte ações que pretenda colocar em prática imediatamente:

Semana 50

Justiça como estilo de vida

Amós 5:18-27

Tempo da Palavra

²⁴Em vez disso, quero que haja tanta justiça como as águas de uma enchente e que a honestidade seja como um rio que não para de correr. (NTLH)

Não há ninguém mais justo do que Deus! Em Sua Palavra, encontraremos justiça sendo apresentada o tempo todo. No Antigo Testamento, regularmente encontramos a justiça em contraste com o pecado. Neste texto de Amós, em que a moça representa o povo, a justiça é comparada a um rio que corre em seu leito de forma reta, sem atrasos, sem interferências, sem desvios. Por vezes, no mundo empresarial, a justiça não é tão justa, reta e sem desvios, mas isso não é justificativa para você fazer desvios em seu rio. Sua empresa precisa, sim, enfrentar com retidão os desvios que se apresentam. Você precisa escolher não entrar em desvios. Sabemos que a vida empresarial no Brasil não é tão simples, mas isso também não é justificativa para aceitar os desvios, ao contrário, as experiências do povo judeu nos ensinam que, com o Senhor nosso Deus ao nosso lado, os montes serão aplanados, os caminhos serão corrigidos, e a justiça será a única forma de caminhar. Escolha justiça e prove o Deus da justiça. Viva de forma justa e veja as consequências sociais, com lutas, mas com vitórias.

MEDITAÇÕES PARA A SEMANA

Segunda-feira

Sua empresa é provocada a fazer as coisas de forma errada ou justa?

_____

_____

Tempo de oração

Senhor, se tem algo injusto
acontecendo na minha empresa e eu
não vejo, abre meus olhos.

Escreva seus pedidos:

_____

_____

_____

Terça-feira

Quando se depara com coisas ilegais ou imorais, você resiste e faz o que é certo ou cede às pressões?

_____

_____

Tempo de oração

*Senhor, sou fraco em
algumas situações e, por isso,
tenho cedido às pressões
com certa facilidade, mas não quero
continuar assim.*

Escreva seus pedidos:

Quarta-feira

Você é justo em suas decisões, dando exemplo para sua equipe, clientes e fornecedores?

Tempo de oração

*Senhor, quando eu for
injusto em qualquer decisão,
abre meus olhos, pois
quero ser exemplo para a minha
equipe, clientes e fornecedores.*

Escreva seus pedidos:

Quinta-feira

Na sua equipe, tem uma ou mais pessoas que fazem o papel injusto para você ficar com as mãos limpas?

Tempo de oração

Senhor, minhas mãos estão sujas.
Dá-me coragem para mudar a forma como
tenho conduzido os negócios.

Escreva seus pedidos:

Sexta-feira

Diante de uma proposta que você percebe que é vantajosa, mas que apresenta alguma injustiça, o que você faz?

Tempo de oração

Senhor, quero ter
coragem para rejeitar propostas
aparentemente boas,
mas que são injustas, porque elas
me afastam do alvo.

Escreva seus pedidos:

Aponte ações que pretenda colocar em prática imediatamente:

Semana 51

Atitudes têm consequências

2 Samuel 11:1-27

Tempo da Palavra

¹Na primavera, época em que os reis saíam para a guerra, Davi enviou para a batalha Joabe com seus oficiais e todo o exército de Israel; e eles derrotaram os amonitas e cercaram Rabá. Mas Davi permaneceu em Jerusalém. ²⁷Mas o que Davi fez desagradou ao Senhor.

Davi não era apenas o rei; ele era o chefe, o líder, o comandante das forças armadas. Na leitura de hoje, vemos que seu país foi para a guerra, e ele decidiu ficar no conforto de seu escritório, enquanto os seus homens lutavam. Isso era tão errado naquela época quanto ainda é hoje. As decisões erradas trazem consequências que podem ser devastadoras. Não abra mão do seu papel na equipe, seja liderando, seja como liderado. Davi e Urias são as peças-chaves neste aprendizado: o líder negligente, que se distrai e deixa sua equipe sofrer e morrer por seu egoísmo, e um liderado que dá sua própria vida por seus colegas e é abandonado por causa de uma atitude egocêntrica do líder. As consequências aqui são famílias destruídas, a morte de inocentes e uma marca penosa na vida daquela comunidade ou "organização". Cada decisão de agir ou não agir gera consequências; se não observarmos o nosso coração e tomarmos decisões alinhadas aos valores da Palavra de Deus, as consequências em nossas organizações podem ser mortais.

MEDITAÇÕES PARA A SEMANA

Segunda-feira
Você pondera as decisões que está tomando e mede as consequências delas na sua vida?

_____

_____

Tempo de oração

*Senhor, quantas vezes fico ansioso e, para
resolver as questões, não penso nas consequências,
ajo sem refletir e por isso sou surpreendido.
Preciso do Espírito Santo todos os dias na minha vida.*

Escreva seus pedidos:

_____

_____

_____

Terça-feira
Você também avalia quais serão as consequências dos seus atos na organização e na vida dos colaboradores hoje e no futuro?

_____

_____

Tempo de oração

*Senhor, não tenho conseguido refletir
nas consequências e, quando vejo, meus atos
geram morte e destruição. Livra-me dos
meus impulsos e me concede controle e domínio próprio.*

Escreva seus pedidos:

_____

_____

_____

Quarta-feira

Quando as consequências aparecem, você tenta encobri-las ou a verdade é a sua maior aliada?

_____

_____

Tempo de oração

*Senhor, não tenho sido capaz de
lidar com as consequências e, por medo, acabo
mentindo e encobrindo meus atos,
mas quero mudar e me tornar semelhante a Jesus.*

Escreva seus pedidos:

_____

_____

_____

_____

Quinta-feira

Você está disposto a sustentar sua mentira ou a consequência dela com outras mentiras, custe o que custar?

Tempo de oração

*Senhor, eu sei que uma mentira chama outra
e que isso não é bom, mas não tenho
conseguido abandonar esse hábito. Preciso do Senhor
para quebrar este ciclo de mentiras.*

Escreva seus pedidos:

Sexta-feira

Arrependimento e mudanças são frequentes em sua vida, organização e equipe?

Tempo de oração

*Senhor, não tenho sido um bom exemplo
nessa área. Muda a minha vida e me permite
ajudar minha empresa e todos da
nossa equipe a vivermos livres da mentira.*

Escreva seus pedidos:

Aponte ações que pretenda colocar em prática imediatamente:

Semana 52

Recompensas eternas

Hebreus 11:1-40

Tempo da Palavra

39Todos estes receberam bom testemunho por meio da fé; no entanto, nenhum deles recebeu o que havia sido prometido.

A maioria de nós não gosta da ideia de esperar, mas, como lemos, a fé é a capacidade dada por Deus para ter certeza daquilo que você deve esperar; não é a certeza de que sua demanda será atendida, mas a certeza de que Deus é capaz de resolver qualquer coisa, por isso, você pode esperar nele. Na Bíblia, temos centenas de ensinamentos de homes e mulheres que conseguiram inspirar centenas de milhares a perseverar e alcançar. Hoje, temos séculos de relatos que apontam para o Deus Todo-poderoso e Seu poder para recompensar nossa esperança nele. Sua organização, seus líderes e toda sua equipe podem ter a fé, a certeza para esperar em Deus, pelas recompensas aqui, neste tempo, mas também as recompensas da eternidade. Como diz o ditado: "Aqui se faz, aqui se paga", já sabemos que algumas consequências do que fazemos veremos neste tempo. A eternidade, entretanto, é uma realidade e cobrará de nós uma decisão feita aqui e agora, caso contrário, também haverá consequências pela decisão não tomada. Jesus nos espera de braços abertos hoje para vivermos a eternidade com Ele.

MEDITAÇÕES PARA A SEMANA

Segunda-feira
Seus olhos estão focados apenas nas recompensas do presente ou você aprendeu que há algo preparado para sua eternidade?

Tempo de oração

*Senhor, sou imediatista e não consigo esperar
por isso. Preciso do Espírito Santo me fortalecendo
e me orientando em todo o tempo.
Somente assim serei capaz de esperar em ti.*

Escreva seus pedidos:

Terça-feira
Você planta sementes para colher no futuro, quando sua equipe estiver mais madura, ou só interessa os resultados de hoje?

Tempo de oração

*Senhor, as sementes dão muito trabalho porque
precisam ser regadas todos os dias
e sou impaciente, gosto dos resultados agora.
Capacita-me para esperar trabalhando.*

Escreva seus pedidos:

_____

_____

_____

Quarta-feira

Como vocês têm exercitado a fé, a certeza para esperar que Deus fará algo e se revelará até nas coisas que parecem impossíveis?

_____

_____

_____

Tempo de oração

*Senhor, eu sei que desanimo diante
das dificuldades e que os impossíveis requerem fé.
Aumenta a minha fé e me faz entender
que Tu tens o domínio completo sobre tudo.*

Escreva seus pedidos:

_____

_____

_____

_____

Quinta-feira

Você consegue entender a diferença entre esperar com fé e preguiça? Como tem sido sua jornada enquanto espera uma resposta de Deus?

Tempo de oração

*Senhor, não quero ser preguiçoso e deixar de fazer
o que é a minha responsabilidade,
mas não quero ser ansioso e atropelar o Teu tempo,
pois Tu tens o tempo certo para todas as coisas.*

Escreva seus pedidos:

Sexta-feira

Deus sempre responde, até enquanto esperamos. Você é paciente ou tudo precisa acontecer agora, no seu tempo?

Tempo de oração

*Senhor, tenho dificuldade com a espera e,
por isso, em muitas decisões, acabo metendo os pés
pelas mãos quando o melhor seria esperar
em ti. Fala comigo, com toda clareza, por favor.*

Escreva seus pedidos:

Aponte ações que pretenda colocar em prática imediatamente:

PERGUNTAS EXTRAS PARA CADA SEMANA

Semana 1

1. Há necessidade de separarmos um tempo tranquilo, exclusivamente para orar, ou podemos fazer aquela oração do carro, feita enquanto eu dirijo para não perder tempo "precioso"?

2. Eu preciso orar pelos meus fornecedores? Se sim, por que ou para quê?

3. Dentro do mundo dos negócios e com sua experiência, qual a necessidade de orar pelos clientes? Com que frequência deve-se orar por eles?

Semana 2

1. Sabemos que, mesmo empresários crentes no Senhor Jesus, às vezes, fracassam em algum momento. Quando isso acontece, de quem é a culpa, afinal?

2. Como reconhecer o papel do fracasso na vida dos negócios?

3. Qual você acha que é o primeiro passo para que o empreendedor pare de confiar nas próprias forças e, de fato, comece a entregar seus negócios a Deus, dependendo totalmente do Senhor?

4. Como acabar com o medo de parar de confiar em si mesmo?

5. Em que momento tenho que pedir a direção de Deus: no momento quando tenho que tomar uma decisão ou antes de qualquer ação?

Semana 3

1. Muitos acham que, se um empresário fala de Deus em sua empresa, significa que ele não tem planejamento ou organização. Será que esse empresário está esperando por um milagre em vez de trabalhar?

2. Na sua opinião, depender de Deus significa ser desorganizado e sem planejamento?

3. Sabemos que, quando as vendas não são boas e os negócios não têm sucesso, desanimamos. Como alguém que tem um negócio pode vencer esses dias ruins e continuar fazendo planos?

4. Tenho uma questão para resolver na minha empresa, e digo que sou totalmente dependente do Senhor e confio nele, isso quer dizer que se eu orei vai acontecer o que eu pedi a Deus?

Semana 4

1. Para você, qual é a principal marca de um empresário obediente a Deus?

2. Quando um empreendedor descobre que sua empresa ou negócio representa uma desobediência a Deus, que ele deve fazer?

3. Nós sabemos que há empresários desobedientes a Deus que prosperam em seus negócios. Qual deve ser a postura do empresário servo do Senhor diante disso?

4. Muitos tendem a se entristecer com isso e achar que Deus esqueceu dos negócios dele, já que ele honra ao Senhor, e o ímpio, não. Que resposta da Bíblia traz para isso?

Semana 5

1. Como o empresário sabe que não está escondendo seus recursos de Deus?

2. Como saber que eu não estou apenas dando migalhas para limpar a minha consciência diante de Deus e das pessoas?

3. Na sua visão, os irmãos que empreendem devem reservar uma parte fixa de seus recursos, mensal ou periodicamente, para obras sociais ou a obra missionária, por exemplo?

4. Como gerir isso com sabedoria sem comprometer seus negócios?

Semana 6

1. Quais são os valores que um empreendedor cristão deve buscar em um funcionário ou futuro líder para sua empresa?

2. O que o empreendedor deve fazer quando a pessoa que ele escolheu apresenta sinais de que talvez esteja buscando atalhos para obter resultados rápidos?

3. O que fazer quando você, sendo líder, está desmotivado ou triste dentro do seu negócio e tem que motivar outras pessoas? Qual a ferramenta que a Palavra de Deus apresenta para isso?

Semana 7

1. Qual seria a melhor maneira de liderar: manter as ações centralizadas para um "maior controle" ou delegar para sua equipe?

2. Existe diferença entre delegar e entregar? Se sim, qual seria ela?

3. Como devemos proceder quando nossos liderados tomam decisões erradas, tentando acertar?

4. Como criar uma estrutura organizacional que ajude no crescimento da empresa, e não que dificulte o processo, principalmente em momentos de decisões complexas?

Semana 8

1. O que fazer caso você perceba que seu funcionário é melhor do que você no que faz?

2. Você tem algum exemplo de dono de empresa que perdeu um bom funcionário por ter medo da capacidade dele?

3. Como um líder deve demonstrar força de forma saudável diante dos funcionários?

4. O que um líder deve fazer para apagar a imagem de que está apenas dando ordens o tempo todo e de que é aquele que provoca medo nos funcionários?

Perspectivas cristãs para o mundo dos negócios | 277

Semana 9

1. Sou dono de uma empresa e surgiu um problemão: uma conta para pagar no dia seguinte, mas não tenho dinheiro, ou então um pedido cujo prazo termina amanhã e não ficará pronto a tempo, o que me fará perder muito dinheiro. Qual a primeira coisa a se fazer em situações que eu sei que me darão prejuízo?

2. Tirando um cenário de pandemia, como a da covid-19, o que você considera uma situação inesperada nos negócios? Isso existe mesmo (situação inesperada) ou, de modo geral, o empresário tem obrigação de planejar e prever possíveis contratempos?

3. Há empresários que têm a tendência de querer centralizar todas as decisões e acabam não pedindo auxílio nas situações difíceis. Por que isso acontece e como se cercar das pessoas certas para o ajudar?

4. Dentro do seu conhecimento e experiência, qual seria a atitude tomada por um líder se alguém da equipe traísse a sua confiança? Perdoaria sem consequências?

5. O que você acha dos líderes que compartilham com a sua equipe alguma situação que rouba a sua paz?

Semana 10

1. Existe de fato uma competição saudável dentro da empresa? Como podemos demonstrar que todos são importantes e, ao mesmo tempo, fazer um ranking dentro da empresa que apresente as vendas de cada um?

2. Como lidar com várias pessoas diferentes? Sabemos que, se juntarmos duas pessoas ou mais num ambiente de trabalho, a probabilidade de haver divergência é alta. Qual a diferença de unidade para uniformidade? Porque as pessoas têm que estar

unidas por um objetivo em comum da empresa, mesmo sendo tão diferentes?

3. No que diz respeito à valorização de pessoas, como lidar com aquele funcionário que, às vezes, é uma ótima pessoa e muito esforçado, mas não apresenta rendimento? Quando pensar em demissão?

4. Para que uma equipe seja bem-sucedida, eu preciso focar mais nas pessoas que têm dificuldades para executar tarefas, evoluir ou focar mais nos que estão dando resultados e, com isso, investir mais?

5. Em uma empresa, qual a diferença entre unidade e unanimidade?

Semana 11

1. Temos falado sobre planejamento a longo prazo e entendemos que é um assunto importante, mas como é possível planejar a longo prazo se está totalmente absorvido pelo dia de hoje (boletos, contas, prazo apertado etc.)?

2. Se eu faço um grande projeto a longo prazo, mas, no meio do caminho, depois de já ter investido muito tempo e dinheiro nele, deu tudo errado ou percebo que não dará certo no final, como devo proceder?

3. Quem, de fato, dentre os meus funcionários preciso consultar na hora de fazer um planejamento pensando num futuro distante? De quem eu devo me cercar, sabendo que, no futuro, talvez essas pessoas que me ajudaram a planejar não estejam mais comigo?

Semana 12

1. Suponhamos que eu sou um empresário que trabalha bem, que tenho um produto ou serviço de qualidade, mas tenho

problemas com os prazos. Qual a principal consequência para o empreendedor que constantemente descumpre os prazos e tem problemas com o tempo necessário para o serviço? Quais os primeiros passos que ele deve dar para resolver esse problema?

2. É comum que, por questões financeiras, um empresário se sinta tentado a dizer sim para toda e qualquer demanda que chegue para ele, mesmo sabendo que já está sobrecarregado. Quando é hora de dizer não?

3. Como mostro para a minha equipe a importância da gestão do tempo? Como apresentar para eles a diferença entre o que é urgente e o que pode esperar?

Semana 13

1. Existe muitas pessoas que são proprietárias, mas não são líderes. Às vezes, donos de empreendimentos são competentes na sua atividade, mas não conseguem liderar uma equipe. Como ser ouvido por sua equipe e diminuir a distância entre dono e líder?

2. Às vezes, o empresário que não consegue ser um verdadeiro líder encontrará algum "corajoso" em sua equipe que o critique de forma direta. Como proceder quando é criticado frente a frente por um colaborador?

3. O que se deve fazer para se livrar de forma definitiva da figura de chefe intimidador? Que tipo de profissional ou ajuda um empreendedor pode procurar para extinguir essa imagem? Uma ajuda pastoral, por exemplo, é válida nesse caso?

Semana 14

1. Ouvimos falar muito sobre liderança pelo exemplo. Na sua opinião, quais são as principais atitudes que o dono de um negócio, seja ele grande ou pequeno, deve evitar a fim de não

dar margem para as pessoas pensarem que ele tem algum problema de caráter na condução dos negócios?

2. Suponha que eu seja dono de uma empresa e um homem honesto. Como tornar a minha honestidade e o meu caráter parte da cultura da empresa? Como tornar isso uma marca oficial, parte dos valores da cultura do meu negócio? Tenho que colocar isso no papel?

3. Notei problemas de caráter em alguém que trabalha comigo. Como sei que determinada atitude que ele tomou pode ser corrigida e como saber se é hora de tirá-lo do negócio?

4. Onde posso buscar informações sobre o que Jesus faria se estivesse em meu lugar tomando uma decisão?

5. Como lidar com uma pessoa da sua equipe que tem desvio de caráter?

Semana 15

1. Em uma empresa, há pessoas de diversas origens, cada uma com uma formação familiar e educacional diferente. Isso significa que, por causa do histórico pessoal, um empresário pode encontrar alguns mais resistentes a mudanças?

2. Como funciona o perdão para um funcionário que comete uma falta grave: eu perdoo, mas demito, ou perdoo e o mantenho na empresa?

3. Existe espaço para o patrão ter uma conversa realmente franca com o seu funcionário sobre atitudes indesejadas no caráter dele? Como abordar o funcionário sem parecer que está fazendo uma acusação?

Semana 16

1. Em um país que é marcado por corrupção em diversos setores da sociedade, como o Brasil, é verdade que, mesmo em

empresas privadas, as coisas só vão para a frente com o "jeitinho brasileiro", se pagar uma propina, se sonegar um imposto? Consigo ser totalmente íntegro no meu negócio e, ainda assim, ter lucro e pagar minhas contas?

2. Qual a primeira coisa que um empresário tem que fazer quando percebe que há anos vinha efetuando uma prática daquelas que "todo mundo faz", mas que, biblicamente, é errada? Como dizer para sua equipe que vocês estavam fazendo algo errado e que, de agora em diante, procederão corretamente, mesmo que isso diminua o lucro?

3. Suponhamos que, por anos, eu tenha passado a má impressão para os clientes de que eu aceitava qualquer coisa para fazer negócio. Como mudar essa imagem sem perder o cliente?

4. Na minha empresa, tenho familiares que trabalham comigo e não só descubro que existe corrupção, mas também que pessoas da minha família estão envolvidas. Qual seria a melhor maneira de resolver isso?

Semana 17

1. Sabemos que dinheiro é um dos aspectos que pode atrapalhar a integridade de um empresário e da equipe. Como vencer a tentação do dinheiro e impedir que isso seja um obstáculo para minha empresa ser espiritualmente próspera?

2. Alguns chefes agem da maneira "faça o que eu digo, não faça o que eu faço", construindo, com o tempo, uma imagem ruim diante da equipe. Como eu, dono de uma empresa, posso abandonar a imagem de que sou um hipócrita, que falo tudo certinho, mas só faço o que é errado?

3. Você consegue listar algumas armadilhas comuns que Satanás lança para destruir a integridade de um empresário? Como percebê-las rapidamente?

4. Quando percebo que estou 100% dependente do dinheiro e percebo que sem ele estou infeliz, qual linha que devo seguir para mudar essa situação e até mesmo não prejudicar a meu trabalho ou empresa?

5. O que fazer quando percebo que cobro muito integridade dos outros, mas não me empenho em praticá-la?

6. Baseado em quais comportamentos posso dizer que sou um empresário integro?

Semana 18

1. Como deixar claro a todos os integrantes da equipe quais são os meus valores e os valores da empresa?

2. É possível, na prática, misturar os meus valores pessoais com os valores da Bíblia? Como sei que um valor meu não está conflitando com o da Bíblia e atrapalhando meus negócios?

3. O dinheiro, no sentido de lucro, entra em conflito com valor cristão? Qual é o limite disso?

4. Quando percebo que minha empresa não possui bons valores, o que devo fazer? Ou quando ela perde os valores iniciais, como recuperar?

5. Como conciliar os valores da minha empresa que são pautados na Palavra de Deus com o mercado que as vezes é contrário do que venho vivendo e praticando e ensinando?

Semana 19

1. Quando meus valores cristãos começam a gerar rejeição por parte dos meus clientes ou até pelos colaboradores da empresa, como proceder?

2. Como o empresário deve se preparar para renunciar ao sucesso, ainda que temporariamente, a fim de cumprir a Palavra de Deus? Como atravessar momento de insucesso?

3. Você acha que existem empresários confusos com relação a qual seja a vontade de Deus para a empresa deles? É possível que o empresário esteja fazendo coisas que não foram pedidas por Deus, achando que está cumprindo a Sua vontade ao realizá-las?

Semana 20

1. Como entender a ideia de compromisso com Deus e compromisso com os seus negócios? É a mesma coisa? Esses dois compromissos são a mesma coisa na prática?

2. Qual o maior perigo para o empresário que não cumpre seus compromissos, abandona contas, não cumpre prazos com clientes? Isso é só uma questão de má fama?

3. Qual passo você considera o principal para que o dono de um negócio se torne uma pessoa, de fato, compromissada?

4. Dentro dos fundamentos da minha empresa está o COMPROMISSO, ou seja, o que eu prometo eu cumpro. Isso seria parte do meu chamado e missão ou posso considerar como regra de boa conduta da minha empresa?

Semana 21

1. É possível tocar um negócio sem disciplina ou com "meia disciplina"? Qual é a principal consequência para um empresário indisciplinado?

2. Quando a disciplina com a equipe se torna "coisa de chefe chato"? Como mostrar a minha equipe que a disciplina é algo importante, sem parecer que estou querendo que meus funcionários sejam meros robôs?

3. Há funcionários que são bons, mas pecam na disciplina. Como lidar com um funcionário que é talentoso, mas que peca em aspectos como horário, prazos etc.?

4. Você seria capaz de seguir com disciplina o chamado e a vocação que Deus te deu, assim como Jesus, até o fim, mesmo com os desafios diários e muitas vezes que nos tiram do foco?

5. Qual seria a melhor forma de aprendermos sobre a autodisciplina quando não temos esse hábito?

Semana 22

1. Por que alguns empresários são tão resistentes a aprender coisas novas? Qual o maior perigo de não aprender coisas novas para o seu negócio?

2. Imagine que um empreendedor, por causa de sua origem ou formação (mesmo sendo bom em negócio), não seja tão receptivo a aprender. O que ele deve fazer e em quem deve se apoiar?

3. Qual a importância de mesclar os conhecimentos adquiridos com a vida, no caso, de funcionários mais experientes, com o conhecimento acadêmico?

Semana 23

1. Como uma pessoa começa a reciclar o que, um dia, aprendeu? Caso nunca tenha mergulhado a fundo na aprendizagem do seu próprio negócio, como ela pode desenvolver a disciplina para estudar?

2. Sabemos que uma empresa onde todos colaboram é muito mais eficiente. Assim, como um empresário pode vencer o hábito de ser centralizador e começar a compartilhar seu conhecimento com os funcionários?

3. Na sua opinião, quais são os maiores benefícios para o futuro de uma empresa onde os colaboradores "aprenderam a aprender"?

Semana 24

1. Qual a melhor maneira de verificar se meu negócio está servindo aos propósitos para os quais ele foi criado? É possível saber se ele se desviou do propósito original e da vontade de Deus?

2. O que um empresário pode fazer se perdeu a paixão pelo que faz, se literalmente não aguenta mais as rotinas do negócio: parar ou redescobrir a paixão?

3. Quais são os riscos para um líder que não consegue demonstrar para sua equipe que está, de fato, envolvido com o negócio? Como incendiar a paixão da equipe?

Semana 25

1. Falando de humildade, como você descreveria uma empresa que tem comportamento arrogante?

2. Muitas vezes, o conceito de humildade é confundido dentro de uma empresa. Qual a diferença entre ser um líder/chefe humilde e ser o famoso "bonzinho"?

3. Como transferir o conceito bíblico de humildade para os colaboradores e clientes de uma empresa?

Semana 26

1. Como um empresário pode exercer a sabedoria divina junto a sua sabedoria adquirida ao longo dos anos nos negócios?

2. Existe um conflito entre a sabedoria que vem de Deus e a sabedoria que o empresário adquiriu por seus estudos, por exemplo?

3. Como saber se estou sendo sábio, especialmente quando a empresa está passando por momentos turbulentos?

4. É possível aprender a ser sábio? Quem transmite isso: Deus, amigos, conselheiros? De que maneira é possível deixar de ser uma pessoa imprudente e passar a ser uma pessoa verdadeiramente sábia nos negócios?

Semana 27

1. O que é, de fato, buscar qualificação? É fazer curso? É ver o que outros empresários estão fazendo? Como saber se determinada qualificação realmente funcionará para o meu negócio?
2. Se eu sou um empresário mais velho, muito tradicional, que toquei meu negócio "na raça", como vencer a resistência, certo comodismo e medo de, por exemplo, entrar numa sala de aula para aprender algo novo? Você acha que estudar é possível em qualquer fase da vida?
3. Qual o perigo de meus liderados perceberem que não estou tão qualificado quanto deveria para o meu negócio? Se eles perceberem que a concorrência me supera, e muito, devido a minha falta de conhecimento, que direção deverei tomar?

Semana 28

1. Jesus nos deu o exemplo de como um líder pode e deve ser humilde. Por que você acha que muitos líderes têm dificuldade em colocar-se "abaixo" de seus liderados? Poderia ser por medo de mostrar fraqueza?
2. Como demonstrar autoridade sem ser autoritário? Onde a firmeza termina, dando lugar para a arrogância?
3. Qual a chave para desenvolver essa humildade de servo também nos funcionários?

Semana 29

1. Você acha que é possível um negócio chegue à falência por problemas de relacionamento e clima ruim dentro do ambiente de trabalho?
2. Qual é o limite de relacionamento entre um líder e um liderado? Você acredita que a amizade entre o dono de um negócio

e um funcionário pode prejudicar as decisões profissionais? Por quê?

3. Quais as atitudes e ferramentas que um líder cristão deve ter para evitar a formação de "grupos rivais" dentro de um negócio (os grupinhos que geram a famosa "rádio corredor")?

Semana 30

1. Como líder de um negócio, qual estratégia você deve adotar para não cair na tentação de favorecer mais uma pessoa do que outra?

2. Você acha que a competição interna é um problema? Até que ponto ela pode ser saudável e não dividir em vez de agregar?

3. Qual é o segredo para manter um ambiente de lealdade e prazer dentro de uma empresa?

Semana 31

1. Como evitar burburinhos dentro de uma empresa devido à falta de comunicação ou à comunicação truncada?

2. Como evitar a mágoa e fazer o outro entender que aquela informação é importante?

3. Você acha que é preciso padronizar o tipo de comunicação dentro do negócio ou quanto mais informal melhor? Como a comunicação pode fluir de forma natural sem perder a importância?

Semana 32

1. No seu ponto de vista, quais os principais efeitos que são sentidos numa empresa onde a comunicação é ruim?

2. Uma vez que o estrago foi feito por uma mensagem ou fala mal compreendida, por exemplo, que gerou a perda de um negócio ou confusão com um cliente, como corrigir a situação?

3. Se sou o líder de uma empresa e o pior comunicador do grupo, mas não reconheço, como ter certeza de que não estou só dando ordens sem ser compreendido?

Semana 33

1. Para você, a falta de inovação e novidades são as grandes causas para que várias empresas fechem as portas?

2. Você acredita que mudança e inovação são apenas uma questão de dispor de recursos financeiros para colocá-las em prática? Como inovar se não tenho capital suficiente para fazer mudanças consideráveis?

3. Como identificar se sou eu o principal responsável por meu negócio estar travado e amarrado a ideias que não se encaixam mais nos tempos de hoje?

Semana 34

1. Como saber se aquilo que eu planejo para o meu negócio no futuro é viável e, ao mesmo tempo, do agrado de Deus?

2. Muitas vezes, o empreendedor, dono de uma micro, pequena, média ou grande empresa, se sente sozinho quando planeja metas maiores para o futuro. Como contagiar um ou mais colaboradores para atingir esse objetivo, deixando claro que pretensão para o futuro do negócio é o crescimento?

3. O que fazer quando estou inseguro com relação ao futuro, mesmo tendo planejado algo para o meu negócio para os anos seguintes?

Semana 35

1. Normalmente, quando falamos de visão, pensamos no futuro. Sabendo que pode haver cenários inesperáveis, como de pandemia e guerras, de que forma o empresário, especialmente

o cristão, deve se preparar para o futuro, sabendo que, de repente, algo pode interromper todos os seus planos?

2. Sabemos que, normalmente, ao longo do tempo, a empresa permanece e boa parte dos colaboradores sai. De que maneira você pode motivar as pessoas que trabalham com você a se imaginarem como parte do futuro do seu negócio?

3. Como é a participação do cliente na visão de futuro da empresa? É apenas uma impressão ou a propaganda que o cliente faz da empresa por meio das redes sociais, por exemplo, é cada vez mais importante para que uma empresa se mantenha na ativa?

Semana 36

1. Todo empresário quer que seu negócio avance e tenha um futuro próspero. Como empresário, é normal, no meio da caminhada, eu não me sentir capacitado para isso? O que fazer quando isso acontece?

2. Em que momentos a incapacidade é sentida quando se gerencia pessoas?

3. Além de evitar que nos excedamos com as pessoas que estão a nossa volta, qual é o papel do Espírito Santo na capacitação para o avanço dos meus negócios?

Semana 37

1. Quais você acha que são os maiores indícios, tanto espirituais quanto profissionais, de que uma aliança será saudável para os negócios?

2. Em tempos quando vemos tantas pessoas, em todos os âmbitos, enganando umas as outras, como podemos confiar no outro? O que lhe causa ver até empresários cristãos burlarem alianças e compromissos estabelecidos. Por quê?

3. Com relação às alianças que fazemos dentro da nossa empresa, pessoas com as quais convivemos todos os dias, é preciso escolher um grupo pequeno ou apenas uma pessoa para caminhar mais próximo nas decisões mais importantes?

Semana 38

1. Quando o dono de um negócio deve se questionar se o estilo de liderança que ele exerce é realmente influenciado por Jesus?

2. Como saber se os colaboradores da empresa estão se espelhando no líder e realmente seguindo suas instruções para o negócio?

3. É comum as pessoas dizerem que uma empresa é relevante para a comunidade local quando fazem ações sociais, mas quais são as outras formas que um líder e sua empresa têm de serem a imagem de Deus e influenciarem na sociedade?

Semana 39

1. Como o dono de um negócio pode saber se a sua conduta está influenciando na transformação de vida das pessoas ou apenas servindo para cumprir seus próprios objetivos financeiros?

2. Qual é a diferença entre ser firme nas palavras e nos atos de liderança, e a liderança doentia e desrespeitosa?

3. Explique com suas palavras o que quer dizer no contexto dos negócios: "A quem muito foi dado muito será cobrado". Para você, de que formas Deus cobrará daqueles líderes que não estão usando sua influência para abençoar os liderados e a comunidade?

Semana 40

1. Sabemos que Deus é a razão pela qual devemos fazer tudo com excelência, mas de que maneira saber se, como empresário,

aquilo que eu estou entregando ao meu cliente reflete o padrão de Deus?

2. Como o empresário pode lidar com as críticas externas, como, por exemplo, uma reclamação de um cliente furioso, por meio de uma rede social, visível a todos?

3. Que tipo de treinamento você recomendaria para quem precisa "aprender a gostar" de fazer seus produtos e serviços com qualidade?

Semana 41

1. Qual a diferença entre responsabilidade e consequência quando se pensa na dicotomia tomar risco e correr risco?

2. Como evitar que minha equipe tome atitudes irresponsáveis com relação a riscos, especialmente aqueles riscos assumidos sem a ciência do dono da empresa?

3. Qual o papel da oração na gestão do risco de um negócio (inclusive riscos externos, como assaltos, por exemplo)?

Semana 42

1. Qual é a melhor maneira de reconhecer o bom colaborador? A recompensa financeira é o melhor caminho? Por quê?

2. Como equilibrar o bom relacionamento com a cobrança por resultados? Existe uma dificuldade natural de cobrar daqueles com os quais nos relacionamos melhor. Como superar isso?

3. Qual deve ser a minha tolerância com o funcionário que não apresenta bom resultado? Preciso estabelecer um prazo para, por exemplo, demiti-lo?

Semana 43

1. Em que situações é necessário incluir a prática da oração na minha empresa? Você já implementou ou tentou implementar esta prática no seu negócio? Se sim, compartilhe sua experiência.

2. Como proceder nos dias de hoje para lidar com grandes decisões: compartilhar primeiro com a liderança ou falar antes com Deus?

3. Com a sua experiência, de que maneira você pode introduzir um momento com Deus na empresa envolvendo os colaboradores de forma voluntária?

Semana 44

1. O que exatamente é ser firme? Isso está, de alguma forma, relacionado ao tom de voz ou é uma atitude?

2. Como evitar que o senso de justiça seja confundido com "ser bonzinho"?

3. Qual a principal atitude diária que um líder deve tomar para alcançar um equilíbrio entre os momentos em que precisa falar de forma mais firme e os momentos de celebração dentro da empresa?

Semana 45

1. Como evitar ser o líder que, na primeira oportunidade, se mostra aquele que será resistente a novas ideias e aos novos talentos dentro da empresa?

2. Quais atitudes você considera cruciais que um líder tenha para encorajar as pessoas a serem melhores?

3. Se tenho uma equipe muito passiva, como identificar o que está gerando esse tipo de comportamento?

Semana 46

1. Como mudar de atitude e se tornar um líder que encara os problemas? Por que as pessoas fogem tanto de resolvê-los?

2. Que conselho você daria aos líderes que não resolvem problemas e acabam se complicando mais por vergonha de pedir ajuda ou mesmo por arrogância?

3. Como conciliar a oração e ajuda de terceiros diante de um problema realmente grave? Existe milagre na resolução de problemas no mundo dos negócios?

Semana 47

1. É verdade que funcionário bom rende melhor sob pressão? Você acredita que o ambiente precisa ser de tensão para que tudo flua mais rápido e melhor?

2. O que um líder deve fazer quando sente que não tem "freio na língua"? Como lidar com a irritação por tudo que acontece de errado?

3. Que caminho tomar se você sente que um colaborador, de certa forma, desiquilibra o ambiente emocionalmente? Aquele funcionário que não é necessariamente brigão, mas deixa todos ao seu redor nervosos.

Semana 48

1. Como saber se você, como líder, é o principal responsável pelos conflitos dentro do negócio?

2. Existe alguma situação em que não é possível administrar o conflito, gerando consequências como, por exemplo, líder

e liderado terem que seguir caminhos diferentes, ou seja, um deles ter que deixar a empresa?

3. Quando o conflito é entre colaboradores, como apurar "quem está certo"?

Semana 49

1. Existem ramos do mercado ou do mundo dos negócios que induzem o empresário a ser injusto ou isso é mito? É possível ser justo em qualquer negócio?

2. O que é realmente considerado imoral no mundo dos negócios? De que forma detectar uma situação que é aparentemente certa, mas, na verdade, pode ser uma armadilha para o empresário crente?

3. Na hora de escolher um colaborador, como detectar, ou pelo menos tentar, ainda na entrevista, se a pessoa tem algum desvio moral?

Semana 50

1. Como saber que a decisão tomei, como líder de um negócio, foi equilibrada e não me trará consequências danosas?

2. Quais são os passos essenciais para se tomar antes de decidir algo importante?

3. Pela sua experiência, que consequência mentira traz para os negócios? Onde é mais comum que ela ocorra? Nos preços? No trato com os clientes? Com parceiros?

Semana 51

1. De que maneiro podemos identificar a motivação de nossas ações empresariais?

2. Quais são as formas de evitar ações ilegais ou injustas em minha empresa?

3. Que decisões preciso tomar hoje para que eu ande em justiça com os meus liderados, com meus compromissos e meus clientes?

Semana 52

1. Devemos estar mais focados nas recompensas do presente ou do futuro? O que você aconselha com sua experiência quanto a esse assunto?

2. Todo plantio é feito para uma colheita futura. Em uma organização, eu realizo o plantio para colher no futuro, quando minha equipe estiver mais maduro, ou só interessa os resultados do presente?

3. Sabemos que Deus fala conosco de diversas formas durante a nossa caminhada cristã. Qual a importância de esperar no Senhor e não querer tudo no meu próprio tempo?

SETE CONSELHOS BÍBLICOS PARA RESOLVER CONFLITOS

Na vida diária, podemos nos envolver em conflitos com outras pessoas. Não é fácil reagir da forma correta no meio de uma briga feia, mas a Bíblia tem bons conselhos para acalmar os ânimos e resolver o conflito:

1. Ouça antes de falar

> *Quem responde*
> *antes de ouvir comete insensatez*
> *e passa vergonha.*
>
> Provérbios 18:13

Muitas discussões ficam sérias porque ninguém está ouvindo o que o outro está dizendo! Procure entender a razão do aborrecimento antes de responder.

2. Responda com calma

> *A resposta calma*
> *desvia a fúria, mas a palavra ríspida*
> *desperta a ira.*
>
> Provérbios 15:1

Gritar só piora a briga. Quem respira fundo e fala com calma retoma o controle da conversa.

3. Ignore o insulto

O insensato revela de imediato o seu aborrecimento,
mas o homem prudente ignora o insulto.

Provérbios 12:16

Durante uma briga, as pessoas dizem coisas que não deviam para fazer o outro perder o controle. Ignorar o insulto mostra maturidade e que o outro não lhe pode afetar.

4. Não retruque

Não retribuam a ninguém mal por mal.
Procurem fazer o que é correto aos olhos de todos.

Romanos 12:17

Quando você retribui mal por mal, perde toda a razão. Retrucar só piora o conflito. Se você agir de forma correta, terá a vantagem moral.

5. Trate com respeito

O homem que não tem juízo
ridiculariza o seu próximo, mas o que tem
entendimento refreia a língua.

Provérbios 11:12

Ridicularizar o outro só o enfurecerá mais. A outra pessoa se acalmará quando se sentir respeitada.

6. Tenha paciência

O homem irritável
provoca dissensão, mas
quem é paciente acalma a discussão.

Provérbios 15:18

Muitos conflitos acontecem porque as pessoas envolvidas não estão com paciência. Ter um pouco de paciência para tentar entender o que se passa acalma o conflito.

7. Perdoe

Suportem-se uns aos outros
e perdoem as queixas que tiverem
uns contra os outros.
Perdoem como o Senhor lhes perdoou.

Colossenses 3:13

No fim de todo conflito, é preciso perdão. Quando não há perdão, surge o ressentimento, e mais conflitos podem acontecer. Perdoar restaura amizades.

Bem-aventurados
os pacificadores, pois serão
chamados filhos de Deus.

Mateus 5:9

Adaptado de *7 conselhos da Bíblia para resolver conflitos* (Bíblia on).

Disponível em: https://www.bibliaon.com/conselhos_para_resolver_conflitos/

ANOTAÇÕES

ANOTAÇÕES

ANOTAÇÕES

Se você gostou desta leitura, compartilhe com outros!

- Presenteie alguém com um exemplar deste livro.
- Mencione-o em suas redes sociais.
- Escreva uma avaliação sobre ele em nosso site ou no site da loja onde você o adquiriu.
- Recomende este livro para a sua igreja, clube do livro ou para seus amigos.

Ministérios Pão Diário valoriza as opiniões e perspectivas de nossos leitores. Seu *feedback* é muito importante para aprimorarmos a experiência de leitura que nossos produtos proporcionam a você.

Conecte-se conosco:

Instagram: paodiariooficial   **YouTube:** @paodiariobrasil

Facebook: paodiariooficial   **Site:** www.paodiario.org

Ministérios Pão Diário
Caixa Postal 9740
82620-981 Curitiba/PR

Tel.: (41) 3257-4028
WhatsApp: (41) 99812-0007
E-mail: vendas@paodiario.org

Escaneie o QR Code e conheça todos os outros materiais disponíveis em nosso site:

publicacoespaodiario.com.br

ANOTAÇÕES